# 선가귀감

서산대사 저
김현준 옮김

효림

## 역자 김현준 金鉉埈

동국대학교 대학원에서 불교학을 전공하고, 한국학중앙연구원에서 한국불교를 연구하였으며, 우리문화연구원 원장, 성보문화재연구원 원장을 역임하였다. 현재 불교신행연구원 원장, 월간 「법공양」 발행인 겸 편집인, 효림출판사와 새벽숲출판사의 주필 및 고문으로 활동하고 있다.

저서로는 『참회와 사랑의 기도법』·『기도성취 백팔문답』·『광명진언 기도법』·『신묘장구대다라니 기도법』·『참회·참회기도법』·『불자의 자녀사랑 기도법』·『미타신앙·미타기도법』·『관음신앙·관음기도법』·『지장신앙·지장기도법』·『석가 우리들의 부처님』 등 30여 종을 비롯하여, 불자들의 신행을 돕는 사경집 20여 종이 있으며, 번역서로는 『법화경』·『원각경』·『지장경』·『육조단경』·『약사경』·『승만경』·『부모은중경』·『보현행원품』·『자비도량참법』·『선가귀감』 등 10여 종이 있다.


# 선가귀감

초 판 1쇄 펴낸날 2021년 1월 27일
3쇄 펴낸날 2022년 8월 31일

지은이 서산대사 휴정
옮긴이 김현준
펴낸이 김연지
펴낸곳 효림출판사
등록일 1992년 1월 13일 (제 2-1305호)
주 소 서울특별시 서초구 반포대로14길 30, 907호 (서초동, 센츄리I)
전 화 02-582-6612, 587-6612
팩 스 02-586-9078
이메일 hyorim@nate.com

값 6,000원





ISBN 979-11-87508-54-0 (03220)

# 서 문

옛날에 부처를 배우는 이들은 부처님의 말씀이 아니면 말하지 않았고, 부처님의 행실이 아니면 행하지 않았다. 그러므로 그들이 보배로 여기는 것은 오직 패엽貝葉(불경)의 거룩한 글뿐이었다.

고지학불자 비불지언 불언 비불지행 불행야 고 소보
古之學佛者는 非佛之言이면 不言하고 非佛之行이면 不行也라 故로 所寶
자 유패엽영문이이
者가 惟貝葉靈文而已로다

지금 부처를 배우는 이들이 서로 전하고 외우는 것은 세속 선비들의 글이요, 청하여 지니는 것은 벼슬아치들의 시뿐이다.

그리하여 그 글을 울긋불긋한 종이에 쓰고 얼룩덜룩한 비단으로 표구하여, 아무리 많아도 족한 줄을 모를 뿐 아니라 지극한 보배로 여기기까지 한다.

금지학불자 전이송즉사대부지구 걸이지즉사대부지시
今之學佛者는 傳而誦則士大夫之句요 乞而持則士大夫之詩라
지어홍록 색기지 미금 장기축 다다부족 이위지보
至於紅綠으로 色其紙하며 美錦으로 粧其軸하야 多多不足하야 以爲至寶하니

아, 예와 지금의 부처 배우는 이들이 보배로 삼는 것이 어찌 이다지도 같지 않은 것인가?

우 하고금학불자지부동보야
吁라 何古今學佛者之不同寶也여

내 비록 옛사람을 닮지는 못하였으나, 옛글에 뜻을 두어 패엽의 거룩한 글들을 보배로 삼아 왔도다.

하지만 그 글이 매우 복잡하고 대장경의 바다가 너무나 넓고 아득하여, 뒷날의 도반들이 가지를 헤쳐 가며 잎을 따는 수고를 면하지 못할 것 같았다.

이에 그 글들 가운데 가장 요긴하고도 간절한 것 수백 마디를 추려서 한 장에 써 놓고 보니, 글은 간단하나 뜻이 두루 갖추어졌다고 할 만하다.

여수불초 유지어고지학 이패엽영문 위보야
余雖不肖나 有志於古之學하야 以貝葉靈文으로 爲寶也라
연 기문 상번 장해왕양 후지동지자 파불면적엽지로
然이나 其文이 尙繁하고 藏海汪洋하야 後之同志者가 頗不免摘葉之勞라
고 문중 촬기요차절자수백어 서우일지 가위문간이의주야
故로 文中에 撮其要且切者數百語하야 書于一紙하니 可謂文簡而義周也라

만약 이 글로써 스승을 삼아, 끝까지 연구하여 묘한 이치를 깨닫게 된다면 구절구절에서 살아 계신 석가여래가 나타나게 될 것이니, 부디 힘써 볼지어다.

여이차어 이위엄사 이연궁득묘즉구구 활석가존언 면호재
如以此語로 以爲嚴師하야 而硏窮得妙則句句에 活釋迦存焉이라 勉乎哉인저

물론 문자를 떠난 한마디와 틀을 벗어난 기이한 보배를 쓰지 않겠다는 것은 아니다. 하지만 그것은 특별한 기틀이 나타날 때까지 기다릴 수밖에 없다.

수연 이문자일구 격외기보 비불용야 차장이대별기야
雖然이나 離文字一句와 格外奇寶는 非不用也나 且將以待別機也하노라.

가정 갑자(1564년) 여름 청허당 백화도인(서산대사) 씀

가정 각자 하 청허당 백화도인
嘉靖 甲子 夏 淸虛堂 白華道人

1.

여기 한 물건이 있으니
본래부터 한없이 밝고 신령하며
난 것도 아니요 죽음도 없다
이름 지을 수도 모양 그릴 길도 없다

有一物於此하니(유일물어차)
從本以來로 昭昭靈靈하야(종본이래 소소영영)
不曾生 不曾滅이며(부증생 부증멸)
名不得 狀不得이로다(명부득 상부득)

**주해**

한 물건이란 무엇인가?

一物者 何物(일물자 하물)

○[1]

○

옛 어른이 송(頌)하셨다.
옛 부처 나기 전에
뚜렷이 밝았도다
석가도 몰랐거늘
가섭이 전할손가

古人 頌云(고인 송운)
古佛未生前(고불미생전)
凝然一相圓(응연일상원)
釋迦猶未會(석가유미회)
迦葉豈能傳(가섭기능전)

이것이 한 물건의 '난 것도 아니요 죽음도 없으며 이름 지을 수도 모양 그릴 길도 없다'고 한 까닭이다.

此一物之所以 不曾生不曾滅 名不得狀不得也(차일물지소이 부증생부증멸 명부득상부득야)

1. ○ : 이는 한 물건을 표현한 일원상一圓相이다.

육조(六祖)[2]께서 대중에게 물었다.

육조 고중운
六祖 告衆云

'나에게 한 물건이 있는데 명자(名字)도 없다. 너희는 알겠느냐?"

오유일물 무명무자 제인 환식부
吾有一物 無名無字 諸人 還識否

신회(神會)선사[3]가 곧 대답하였다.

신회선사 즉출왈
神會禪師 卽出曰

'모든 부처님의 근본이요

제불지본원
諸佛之本源

신회의 불성이옵니다."

신회지불성
神會之佛性

이것이 신회가 육조의 서자(庶子)가 된 까닭이다.

차소이위육조지얼자야
此所以爲六祖之孽者也

또 회양(懷讓)선사[4]가 숭산(嵩山)에서 오자 육조께서 물었다.

회양선사 자숭산래 육조문왈
懷讓禪師 自嵩山來 六祖問曰

'무슨 물건이 이렇게 왔는고?"

십마물 임마래
什麽物 恁麽來

회양이 어쩔 줄 몰라 하다가 8년 만에야 스스로 깨달아 말하였다.

사 망조 지팔년 방자긍왈
師 罔措 至八年 方自肯曰

'가령 한 물건이라 하여도 맞지 않습니다."

설사일물 즉부중
說似一物 卽不中

---

2. 육조六祖 : 638~713. 중국 선종禪宗의 제6조인 혜능慧能대사. 견성見性하여 그의 법을 이은 제자만 40여 명에 이른다.

3. 신회神會 : 686~760. 하택荷澤선사라고도 함. 낙양 하택사에서 육조의 종지를 크게 드날렸다.

4. 회양懷讓 : 677~744. 육조의 법회에 가서 8년 만에야 견성하고 그 법을 받았다.

이것이 육조의 맏아들이 된 까닭이다.

차소이위육조지적자야
此所以爲六祖之嫡子也

**頌**

삼교의 성인 모두가 삼교성인 三敎聖人

이 말에서 나왔느니라 종차구출 從此句出

뉘라서 말할까? 수시거자 誰是擧者

눈썹 뽑힐라! 석취미모 惜取眉毛

2.

**부처님과 조사가 세상에 나오심은** 불조출세 佛祖出世가

**바람 없는데 물결을 일으킨 것이니라** 무풍기랑 無風起浪이니라

**주해**

'부처님과 조사'는 불조자 佛祖者

석가세존과 가섭존자요 세존가섭야 世尊迦葉也

'세상에 나오심'이란 출세자 出世者

대비심을 근본으로 삼아 중생을 제도함을 말함이다.

대비위체 도중생야
大悲爲體 度衆生也

그러나 한 물건에 준하여 따져 보면 연 이일물관지 然 以一物觀之

面 目
사람마다 면목(참된 모습)이 본래 원만히 이루어져 있거늘

즉인인면목 본래원성
則人人面目 本來圓成

어찌 남이 연지 찍고 분 발라주기를 기다리랴.

기가타인 첨지착분야
豈假他人 添脂着粉也

이것이 부처님과 조사가 세상에 나오심을 바람 없는 데 물결을 일으킴이라 한 까닭이다.

차 출세지소이기파랑야
此 出世之所以起波浪也

『허공장경』에서

허공장경운
虛空藏經云

"문자도 마의 업이요

문자 시마업
文字 是魔業

이름과 형상도 마의 업이며

명상 시마업
名相 是魔業

부처님의 말씀도 마의 업이다"

지어불어 역시마업
至於佛語 亦是魔業

라고 한 것도 바로 이 뜻이다.

시차의야
是此意也

本 分
이는 본분을 바로 들어 보임에 있어서는 부처님이나 조사도 아무런 소용이 없음을 말한 것이다.

차 직거본분 불조무공능
此 直擧本分 佛祖無功能

**頌**

하늘과 땅이 빛을 잃고

건곤실색
乾坤失色

해와 달도 어둡구나

일월무광
日月無光

## 3.

그러나 법에도 여러 가지 뜻이 있고

연 법유다의
然 法有多義하고

사람에게도 다양한 바탕이 있는 터라

인유다기
人有多機하니

여러 방편을 만들지 않을 수 없도다

불방시설
不妨施設이로다

**주해**

법이란 한 물건이요

법자일물야
法者一物也

사람이란 중생이다.

인자중생야
人者衆生也

법에는 불변(不變)(변하지 않는 것)과 수연(隨緣)(인연을 따르는 것)의 두 가지 이치가 있고

법유불변수연지의
法有不變隨緣之義

사람에는 돈오(頓悟)(단박에 깨침)와 점수(漸修)(오래 닦음)의 두 가지 기틀이 있다.

인유돈오점수지기
人有頓悟漸修之機

그러므로 문자나 말로써 가르치는 방편을 베풀지 않을 수 없다.

고불방문자어언지시설야
故不妨文字言語之施設也

이것이 바로 "공적으로는 바늘구멍만큼도 용납할 수 없으나, 사적으로는 수레도 오고 간다"는 것이다.

차소위 관불용침 사통거마자야
此所謂 官不容針 私通車馬者也

중생에게 본래부터 원만히 이루어져 있다고는 하지만

중생 수왈원성
衆生 雖曰圓成

타고난 지혜의 눈이 없기 때문에 윤회를 달게 받는 것이니

생무혜목 감수윤전
生無慧目 甘受輪轉

만약 세상을 뛰어넘는 금칼이 아니라면

고 약비출세지금비
故 若非出世之金鎞

어떤 이가 무명(無明)의 두꺼운 껍질을 벗겨 내겠는가.

수괄무명지후막야
誰刮無明之厚膜也

괴로움의 바다를 건너서

지어월고해
至於越苦海

즐거운 저 언덕에 오르는 것은

이등낙안자
而登樂岸者

모두 부처님의 대자비 은혜〔大悲之恩〕를 입기 때문이니

개유대비지은야
皆由大悲之恩也

한량없는 목숨을 바칠지라도 그 은혜의 만분의 일조차 갚을 수가 없다.

연즉항사신명 난보만일야
然則恒沙身命 難報萬一也

이는 새로 닦는 이가 부처님과 조사의 깊은 은혜에 감사해야 함을 밝힌 것이다.

차 광거신훈 감불조심은
此 廣擧新熏 感佛祖深恩

**頌**

**왕이 보전에 오르시니**

왕등보전
**王登寶殿**

**백성들이 노래를 부르네**

야노구가
**野老謳歌**

4.

억지로 여러 가지 이름을 붙여

강립종종명자
强立種種名字하야

마음이다 부처다 중생이다 한 것이니

혹심혹불혹중생
或心或佛或衆生하나

이름에 얽매여 알음알이 내지 말라

불가수명이생해
不可守名而生解니

다 그대로 옳은 것이다

당체변시
當體便是라

생각이 동하면 곧 어긋난다

동념즉괴
動念卽乖니라

**주해**

한 물건에 '억지로 세 가지 이름(마음·부처·중생)을 붙인 것'은 부처님 말씀〔教法(교법)〕의 부득이함이요

일물상 강립삼명자자 교지부득이야
一物上 强立三名字者 教之不得已也

'이름에 얽매여 알음알이 내지 말라' 한 것은 선법(禪法)의 부득이함이다.

불가수명생해자 역선지부득이야
不可守名生解者 亦禪之不得已也

한 번 들어올리고 한 번 억누르며

일대일닉
一擡一搦

갑자기 세우고 갑자기 깨뜨림은

선립선파
旋立旋破

모두 법왕(法王)께서 내리시는 법령(法令)의 자유자재함이니라.

개법왕법령지자재자야
皆法王法令之自在者也

이는 앞의 글을 맺고 다음 글을 일으키고자, 부처님과 조사의 방편이 각각 다르다는 것을 논한 것이다.

차 결상기하 논불조사체각별
此 結上起下 論佛祖事體各別

頌

오랜 가뭄 끝에 단비 내리고 — 구한봉가우 久旱逢佳雨

천리 타향에서 친구 만났네 — 타향견고인 他鄕見故人

5.

세존이 세 곳에서 마음을 전하신 것은 선지(禪旨)[5]가 되고

세존 삼처전심자 위선지
世尊 三處傳心者가 爲禪旨요

일생 동안 말씀하신 것은 교문(敎門)[6]이 되었다

일대소설자 위교문
一代所說者는 爲敎門이라

그러므로 선은 부처님의 마음이요 — 고왈 선시불심 故曰 禪是佛心이요

교는 부처님의 말씀이라 하느니라 — 교시불어 敎是佛語니라

주해

세 곳이란 — 삼처자 三處者

다자탑 앞에서 자리를 절반 나누어 앉으심[7]이 첫째

---

5. 선지禪旨 : 범어 디야나dhyāna의 음을 따라 선나禪那라 쓰고, 줄여서 선禪이라 한다. 곧 '조사선祖師禪'이다.

6. 교문敎門 : 부처님의 말씀. 부처님께서 가르친 교敎가 진리의 법당法堂에 들어갈 수 있도록 하는 법의 문〔法門〕이 된다고 하여 교문이라 함.

7. 다자탑은 중인도 바이샬리의 서북쪽에 있다. 부처님께서 그곳에서 설법하실 때 가섭존자가 누더기옷을 입고 늦게 왔다. 제자들이 그를 낮추어 보자, 부처님께서 자리를 반으로 나누어 함께 앉을 수 있게 하셨다.

요　　　　　　　　　　　　　多子塔前分半座 一也

영산회상에서 꽃을 들어 보이심[8]이 둘째요　　靈山會上擧拈花 二也

사라쌍수 아래에서 관 밖으로 두 발을 내어 보이심[9]이 셋째이니　　雙樹下槨示雙趺 三也

가섭(迦葉)존자가 선의 등불을 따로 받았다는 것이 이것이다.　　所謂迦葉 別傳禪燈者 此也

일생 동안 말씀하신 것이란 49년을 설하신 다섯 가지 교이니　　一代者 四十九年間 所說五敎也

첫째는 인천교[10]요　　人天敎 一也

둘째는 소승교[11]요　　小乘敎 二也

셋째는 대승교[12]요　　大乘敎 三也

---

8. 영산은 영축산靈鷲山. 마갈타국의 서울인 왕사성王舍城의 동북쪽에 있다. 이곳에서 설법을 하실 때 하늘에서 꽃비가 내렸다. 부처님께서 그 꽃송이 하나를 들어 보이자, 대중이 무슨 뜻인지 몰라 어리둥절하였는데, 가섭존자만이 빙그레 웃었다. 이에 부처님께서는 "정법의 눈과 열반의 묘한 마음을 가섭에게 전한다"고 선언하셨다.

9. 부처님께서 열반에 들자 부처님의 몸을 금으로 만든 관에 모시고 다시 구리로 만든 덧곽을 씌웠는데, 가섭존자가 먼 곳에 갔다가 열반하신 지 7일 만에 당도하여 부처님 관을 세 번 돌고 세 번 절하였다. 이때 부처님께서는 관 밖으로 두 발을 내어 보이셨다.

10. 오계五戒를 지키고 십선十善을 닦으면 천상에 나서 복을 받게 된다는 가르침.

11. 소승의 범어는 히나야나Hinayāna. '작은 수레'를 뜻한다. 생각을 끊고 마음을 비워 열반의 고요함을 즐기는 것을 목표로 삼는 가르침. 아함경·구사론 등이 이에 속한다.

12. 대승의 범어는 마하야나Mahayāna. '큰 수레'를 뜻한다. 모든 중생을 즐겁고 편안하게 해주겠다는 큰 원願을 세운 보살들을 위한 가르침. 반야경·해심밀경 등이 이에 속한다.

넷째는 돈교[13]요

돈교 사교
頓敎 四也

다섯째는 원교[14]이니

원교 오야
圓敎 五也

아난(阿難)존자가 교의 바다를 널리 흐르게 함이 이것이다.

소위아난 유통교해자 차야
所謂阿難 流通敎海者 此也

그러므로 선(禪)과 교(敎)의 근원은 부처님이시고

연즉 선교지원자 세존야
然則 禪敎之源者 世尊也

선과 교의 갈래는 가섭존자와 아난존자이다.

선교지파자 가섭아난야
禪敎之派者 迦葉阿難也

말 없음으로써 말 없는 데 이르는 것은 선이요

이무언 지어무언자 선야
以無言 至於無言者 禪也

말 있음으로써 말 없는 데 이르는 것은 교이다.

이유언 지어무언자 교야
以有言 至於無言者 敎也

또한 마음은 선법이요

내지 심시선법야
乃至 心是禪法也

말은 교법이다.

어시교법야
語是敎法也

법은 비록 일미(一味)이나 견해는 하늘과 땅만큼 떨어져

---

13. 특별한 대근기를 위해 순서대로 도를 닦아 가는 단계를 밟지 않고, 모든 지위를 초월하여 단박에 부처가 되는(成佛) 도리를 가르친 법문. 유마경·승만경·원각경 등이 이에 속한다.

14. 가장 둥글고 큰 이치를 설한 가르침. 모든 생물과 무생물이 본래 다 성불(有情無情本是成佛)한 도리를 밝힌 법문이다. 화엄경·법화경 등이 이에 속한다.

있다.

즉법수일미 견해즉천지현격
則法雖一味 見解則天地懸隔

이는 선과 교의 두 갈래 길을 가려 놓은 것이다.

차 변선교이도
此 辨禪敎二途

頌

마음 놓고 지내지 말라

부득방과
不得放過

풀 속에 거꾸러지리라

초리횡신
草裡橫身

6.

그러므로 누구든지 말에 집착하면

시고 약인 실지어구즉
是故로 若人이 失之於口則

꽃을 들고 미소를 지은 것이 교의 자취로 바뀌고

염화미소 개시교적
拈花微笑가 皆是敎迹이요

마음으로 얻으면 세상의 온갖 잡담들이

득지어심즉세간 추언세어
得之於心則世間 麤言細語가

모두 교 밖에서 따로 전한 선지가 되느니라

개시교외별전선지
皆是敎外別傳禪旨니라

주해

법은 이름이 없는 것이므로

법무명고
法無名故

말로써 일러줄 수 없고 — 언불급야 言不及也

법은 모양이 없는 것이므로 — 법무상고 法無相故

마음으로 헤아릴 수 없다. — 심불급야 心不及也

무엇이라 말하려 하면 벌써 — 의지어구자 擬之於口者

근본 마음 자체를 잃은 것이요 — 실본심왕야 失本心王也

근본 마음 자체를 잃게 되면 — 실본심왕즉 失本心王則

세존께서 꽃을 드신 것과 가섭의 미소가

세존염화 가섭미소 世尊拈花 迦葉微笑

모두 죽은 이야깃거리로 전락할 뿐이다.

진락진언 종시사물야 盡落陳言 終是死物也

마음으로 얻은 이에게는 — 득지어심자 得之於心者

장꾼들의 잡담도 — 비단가담 非但街談

요긴한 법문이요 — 선설법요 善說法要

제비의 울음까지 — 지어연어 至於鷰語

참 진리의 설법으로 들린다. — 심담실상야 深談實相也

이러한 까닭으로 보적선사[15]는 통곡하는 소리를 듣

---

15. 보적선사寶積禪師 : 참선을 하던 그가 거리에 나가 장례식을 구경하다가 상주의 우는 소리를 듣고 크게 깨쳐, 남들은 통곡을 하는데 혼자 한바탕 춤을 추며 뛰놀았다. 그 뒤 마조馬祖스님의 법을 이었다.

고 깨쳐서 춤추며 기뻐하였고

시고 보적선사 문곡성 용열신심
是故 寶積禪師 聞哭聲 踊悅身心

보수선사[16]는 거리에서 주먹을 휘두르며 싸우는 사람의 말을 듣고 참 면목을 깨친 것이다.

보수선사 견쟁권 개활면목자 이차야
寶壽禪師 見諍拳 開豁面目者 以此也

이는 선·교의 깊고 얕음에 대해 밝힌 것이다.

차 명선교심천
此 明禪教深淺

頌

밝은 구슬을 손에 들고
이리 굴리고 저리 굴리네

명주재장
明珠在掌
농거롱래
弄去弄來

## 7.

내가 한마디 말하려 한다
생각 끊고 인연을 잊은 채
일없이 우두커니 앉았더니
봄이 오매 풀이 절로 푸르구나

오유일언
吾有一言하니
절려망연
絶慮忘緣하고
올연무사좌
兀然無事坐하니
춘래초자청
春來草自青이로다

16. 보수선사寶壽禪師 : 어느 날 방장화상方丈和尙이 묻기를, “부모가 낳기 전의 네 본래면목이 어떠하냐?” 하는데 대답하지 못하였다. 하루는 거리에 나갔다가 어떤 두 사람이 주먹질을 하면서 싸우다가 하는 말이 “참으로 면목없다” 하는 데서 크게 깨쳤다.

**주해**

'생각 끊고 인연을 잊었다'는 것은
마음에서 얻은 이를 가리킴이니
이른바 일 없는 도인〔閑道人〕이다.
아. 그 사람은 어떠한가?

絶慮忘緣者(절려망연자)
得之於心也(득지어심야)
所謂閑道人也(소위한도인야)
於戲 其爲人也(오희 기위인야)

어디에나 얽힘없고 애당초에 일없어서 — 本來無緣 本來無事(본래무연 본래무사)
배고프면 밥을먹고 고단하면 잠을자네 — 飢來卽食 困來卽眠(기래즉식 곤래즉면)
맑은물과 푸른산을 마음대로 오락가락 — 綠水靑山 任意逍遙(녹수청산 임의소요)
고깃집과 주막거리 걸림없고 편안할새 — 漁村酒肆 自在安閑(어촌주사 자재안한)
세월이야 오든가든 내알바가 아니건만 — 年代甲子 總不知(연대갑자 총부지)
봄이되니 예와같이 풀잎절로 푸르누나 — 春來依舊 草自靑(춘래의구 초자청)

이는 특별히 일념으로 돌이켜 살피는 이〔一念廻光者〕를 찬탄한 것이다.

此 別歎一念廻光者(차 별탄일념회광자)

**頌**

사람이 없는가 하였는데
마침 하나가 있구나

將謂無人(장위무인)
賴有一個(뇌유일개)

## 8.

**교문은 오직 일심법만을 전하고** 教門은 惟傳一心法하고
**선문은 단지 견성법만을 전한다** 禪門은 惟傳見性法하니라

**주해**

마음은 거울의 본체와 같고 心如鏡之體
본성은 거울의 빛과 같도다. 性如鏡之光
본성은 스스로 청정한 것이니 性自清淨
이를 바로 깨달으면 卽時豁然
근본 마음을 얻게 된다. 還得本心

이는 일념을 얻음의 중요함을 특별히 보인 것이다. 此 秘重得意一念

**頌**

첩첩이 쌓인 산과 흐르는 물 重重山與水
맑고 깨끗한 우리네 가풍일세 清白舊家風

**評**

마음에 두 가지가 있다. 心有二種
하나는 근본인 본래의 마음이요 一本源心
둘은 무명으로 상(相)을 취한 마음이다. 二無明取相心也
본성에도 두 가지가 있다. 性有二種

하나는 본래의 법성이요
일본법성
一本法性

둘은 상(相)과 마주하는 본성이다.
이성상상대성야
二性相相對性也

선학자와 교학자가 이에 미(迷)하여
고선교자동미
故禪教者同迷

이름에 집착하고 알음알이 내어서
수명생해
守名生解

옅은 것을 깊다 하고
혹이천위심
或以淺爲深

깊은 것을 옅다 하면서
혹이심위천
或以深爲淺

관(觀)과 행(行)에 큰 병통을 일으키므로
수위관행대병고
遂爲觀行大病故

여기에서 가려 말하는 것이다.
어차변지
於此辨之

9.

부처님이 설하신 경에는
연 제불설경
然이나 諸佛說經은

먼저 여러 법들을 분별하신 다음
선분별제법
先分別諸法하고

마침내는 공하다는 것을 설했으며
후설필경공
後說畢竟空하고

조사의 가르침은
조사시구
祖師示句는

말자취로 생각의 머리를 끊어버려서
적절어의지
迹絶於意地하고

이치가 마음의 근원에 드러나게 함이니라
이현어심원
理顯於心源이니라

**주해**

부처님은 만대의 스승이므로 진리를 자세히 가르치셨고　諸佛(제불) 爲萬代依憑故(위만대의빙고) 理須委示(이수위시)

조사는 상대를 그 자리에서 곧 해탈하게 하므로 깨치는 것만을 위주로 삼았다.　祖師(조사) 在卽時度說故(재즉시도탈고) 意使玄通(의사현통)

'자취〔迹(적)〕'란 조사의 말 자취요　迹(적) 祖師言迹也(조사언적야)

'생각〔意(의)〕'이란 공부하는 이의 생각이다.　意(의) 學者意地也(학자의지야)

**評**

함부로 손가락질 하지 말라　胡亂指注(호란지주)

팔은 밖으로 굽지 않느니라　臂不外曲(비불외곡)

10.

부처님은 활같이 설하시고　諸佛(제불)은 說弓(설궁)하고

조사들은 활줄같이 설하셨다　祖師(조사)는 說絃(설현)하시니

부처님께서 설하신 걸림없는 법은　佛說無碍之法(불설무애지법)은

오로지 일미(一味)로 돌아가게 함이요　方歸一味(방귀일미)라

이 일미의 자취를 털어 버려야　拂此一味之迹(불차일미지적)하야사

조사가 보인 일심(一心)이 드러나노라　方現祖師所示一心(방현조사소시일심)이로다

그러므로 "뜰 앞의 잣나무"라는 화두는

고운 정전백수자화
故云 庭前栢樹子話는

용궁의 대장경 속에도 없다고 하는 것이다

용장소미유저
龍藏所未有底니라

주해

활같이 설하였다는 것은 '굽다'는 뜻이요 — 설궁 곡야 說弓 曲也

활줄같이 설하였다는 것은 '곧다'는 뜻이며 — 설현 직야 說絃 直也

용궁의 장경은 용궁에 있는 대장경을 가리킨다.

용장 용궁지장경야
龍藏 龍宮之藏經也

한 승려가 조주(趙州)[17]께 여쭈었다. — 승 문조주 僧 問趙州

"조사가 서쪽에서 온 뜻이 무엇입니까?[18]"

여하시조사서래의
如何是祖師西來意

"뜰 앞에 잣나무니라." — 주답운 정전백수자 州答云 庭前栢樹子

이것이 바로 격을 벗어난 선지이다. — 차 소위격외선지야 此 所謂格外禪旨也

---

17. 조주趙州 : 778~897. 법명은 종심從諗. 어려서 출가하여 남전南泉선사의 법을 받고, 80세까지 각처로 다니다가 조주의 관음원에서 40년 동안 후학들을 지도하였다. 그의 교화는 참으로 커서 '조주고불趙州古佛'이라 칭한다.

18. '조사가 서쪽에서 온 뜻'이란 달마조사가 전하여 온 특별한 선법을 가리킨다.

**頌**

고기가 놀면 물이 흐려지고 — 魚行水濁(어행수탁)

새가 날면 깃털이 떨어진다 — 鳥飛毛落(조비모락)

## 11.

그러므로 배우는 이는 먼저 부처님께서 참다운 가르침으로 세우신
故(고)로 學者(학자)는 先以如實言教(선이여실언교)로

불변(不變)과 수연(隨緣)의 두 가지 뜻이 내 마음의 본 바탕(性)과 양상(相)이요
委辨(위변) 不變隨緣二義(불변수연이의)가 是自心之性相(시자심지성상)이며

돈오(頓悟)와 점수(漸修)의 두 문이 공부의 시작과 끝임을 자세히 가려 알아야 한다
頓悟漸修兩門(돈오점수양문)이 是自行之始終(시자행지시종)하라

그 뒤 교의 뜻을 버리고
然後(연후)에 放下教義(방하교의)하고

오로지 내 마음을 뚜렷이 드러낸 일념(現前一念)으로
但將自心現前一念(단장자심현전일념)하야

선지(禪旨)를 참구하면 반드시 얻는 바가 있나니
參詳禪旨則必有所得(참상선지즉필유소득)하리니

이것이야말로 뛰어난 살 길이니라
所謂出身活路(소위출신활로)니라

주해

큰 지혜가 있는 상근기라면 말할 필요가 없지만

상근대지 부재차한
上根大智 不在此限

보통 사람은 함부로 건너뛰면 안 된다.

중하근자 불가렵등야
中下根者 不可獵等也

교의(敎義)로 보면

교의자
敎義者

불변(不變)(변하지 않는 것)과 수연(隨緣)(인연을 따르는 것), 돈오(頓悟)(단박에 깨침)와 점수(漸修)(차례로 오래 닦음) 등의 앞과 뒤가 있지만

불변수연 돈오점수 유선유후
不變隨緣 頓悟漸修 有先有後

선법(禪法)에서는 일념 중에

선법자 일념중
禪法者 一念中

불변(不變)과 수연(隨緣), 성(性)과 상(相), 체(體)와 용(用)이 원래 동시로

불변수연 성상체용 원시일시
不變隨緣 性相體用 元是一時

서로 떠났으나 떠난 것이 아니요

이즉이비
離卽離非

서로 곧 이것이나 곧 이것이 아니다.

시즉비즉
是卽非卽

그러므로 종사(宗師)는 법을 쓰되

고 종사거법
故 宗師據法

말을 떠나 곧바로 일념(一念)을 가리켜서

이언직지일념
離言直指一念

견성(見性)하여 성불(成佛)토록 하는 것이니

견성성불이
見性成佛耳

교의(敎義)를 버린다 함이 이것이다.

방하교의자 이차
放下敎義者 以此

頌

분명하게 밝은 시절

명역력시
明歷歷時

깊은 골에 구름 끼고 　　운장심곡 雲藏深谷
그윽하고 고요한 곳 　　심밀밀처 深密密處
해 비치고 날이 개네 　　일조청공 日照晴空

12.

대저 배우는 이는 　　대저 학자 大抵 學者는
활구[19]만을 참구할 뿐 　　수참활구 須參活句요
사구를 참구하지 말라 　　막참사구 莫參死句어다

주해

활구(산 말)에서 얻게 되면 　　활구하천득 活句下薦得
부처나 조사의 스승이 되고 　　감여불조위사 堪與佛祖爲師
사구(죽은 말)에서 얻게 되면 　　사구하천득 死句下薦得
제 자신도 구제하지 못한다. 　　자구불료 自救不了

이 뒤로는 특별히 활구를 이야기하여 스스로 깨쳐 들어가게 하고자 한다. 　　차하 특거활구 사자오입 此下 特擧活句 使自悟入

---

19. 활구活句 : 말의 자취가 없고 뜻이 붙을 수 없는 살아 있는 말. 어디에든 무엇에든 걸리게 되면 죽은 말, 곧 사구死句이다.

**頌**

임제[20]를 보고자 하는가 　要見臨濟(요견임제)

모름지기 쇠로 된 이라야! 　須是鐵漢(수시철한)

**評**

화두(話頭)에는 말과 뜻의 두 문이 있다. 　話頭 有句意二門(화두 유구의이문)

말을 참구한다는 것은 　參句者(참구자)

경절문(徑截門)(지름길인 끊는 법문)의 활구(活句)를 참구함이니 　徑截門活句也(경절문활구야)

마음의 길이 끊어지고 　沒心路(몰심로)

말의 길이 끊어져서 　沒語路(몰어로)

더듬어 찾을 수가 없다. 　無摸索故也(무모색고야)

뜻을 참구한다는 것은 　參意者(참의자)

원돈문(圓頓門)(원교와 돈교 법문)의 사구(死句)를 참구함이니 　圓頓門死句也(원돈문사구야)

이치의 길도 있고 　有理路(유이로)

말의 길도 있어 　有語路(유어로)

듣고 이해하고 생각할 수가 있다. 　有聞解思想故也(유문해사상고야)

---

20. 임제臨濟 : ?~867. 중국 임제종臨濟宗의 개조開祖. 속성은 형荊씨, 이름은 의현義玄이다. 어려서 출가하여 경을 연구하다가, 황벽黃檗선사의 지도를 받아 그의 법통을 잇고, 고향인 하북성의 임제원에서 크게 교화하였다. 그의 법을 이은 제자가 22명 있다.

## 13.

무릇 참구하는 공안(公案)에 대해 — 凡本參公案上에 (범본참공안상)

간절한 마음으로 공부를 하되 — 切心做工夫하되 (절심주공부)

닭이 알을 품고 있는 것과 같이 하고 — 如鷄抱卵하며 (여계포란)

고양이가 쥐를 잡을 때와 같이 하고 — 如猫捕鼠하며 (여묘포서)

주린 사람이 밥을 생각하듯이 하고 — 如飢思食하며 (여기사식)

목마른 사람이 물을 생각하듯이 하고 — 如渴思水하며 (여갈사수)

아기가 어머니를 생각하듯이 하면 — 如兒憶母하면 (여아억모)

반드시 꿰뚫을 때가 있느니라 — 必有透徹之期니라 (필유투철지기)

**주해**

조사들의 공안〔話頭(화두)〕이 일천 칠백 가지나 있으니

祖師公案 有一千七白則 (조사공안 유일천칠백칙)

개에게는 불성이 없다 — 如 狗子無佛性 (여 구자무불성)

뜰 앞의 잣나무 — 庭前栢樹子 (정전백수자)

삼 세 근[21] — 麻三斤 (마삼근)

마른 똥막대기[22]와 같은 것들이다. — 乾屎橛之類也 (간시궐지류야)

---

21. 마삼근麻三斤 : "어떤 것이 부처입니까?" 하는 물음에, 운문종雲門宗의 동산洞山 수초守初선사가 대답하기를, "마삼근(삼이 세 근)이니라" 하였다.

22. 간시궐乾屎橛 : "어떤 것이 부처입니까?" 하는 물음에, 운문문언雲門文偃선사가 대답하기를, "간시궐(마른 똥막대기)이니라" 하였다.

| | |
|---|---|
| 닭이 알을 품을 때는 | 계지포란<br>鷄之抱卵 |
| 더운 기운이 계속 이어지고 | 난기상속야<br>暖氣相續也 |
| 고양이가 쥐를 잡을 때는 | 묘지포서<br>猫之捕鼠 |
| 마음과 눈이 움직이지 않으며 | 심안부동야<br>心眼不動也 |
| 배고플 때 밥을 생각하는 것과 | 지어기사식<br>至於飢思食 |
| 목마를 때 물을 생각하는 것과 | 갈사수<br>渴思水 |
| 아기가 어머니를 생각하는 것은 | 아억모<br>兒憶母 |
| 모두 참된 마음에서 나오는 것일 뿐 | 개출어진심<br>皆出於眞心 |
| 억지로 지어서 내는 마음이 아니기에 | 비주작저심<br>非做作底心 |
| 간절하다고 하는 것이다. | 고운 절야<br>故云 切也 |
| 참선을 할 때 이 간절한 마음 없이 | 참선 무차절심<br>參禪 無此切心 |
| 깨친다는 것은 있을 수 없는 일이다. | 능투철자 무유시처<br>能透徹者 無有是處 |

## 14.

| | |
|---|---|
| **참선에는 모름지기 삼요(三要)(요긴한 세 가지)가 있다** | 참선 수구삼요<br>參禪엔 須具三要니 |
| **첫째는 대신근(大信根)(큰 신심)이요** | 일 유대신근<br>一은 有大信根이요 |
| **둘째는 대분지(大憤志)(분발심)며** | 이 유대분지<br>二는 有大憤志이며 |
| **셋째는 대의정(大疑情)(큰 의심)이다** | 삼 유대의정<br>三은 有大疑情이니 |

이 가운데 하나라도 빠지면 다리 부러진 솥과 같이 되고 마느니라

구궐기일 여절족지정 종성폐기
苟闕其一하면 如折足之鼎하야 終成廢器니라

**주해**

부처님께서는 "성불(成佛)함에는 믿음이 뿌리가 된다" 하셨고

불운 성불자 신위근본
佛云 成佛者 信爲根本

영가(永嘉)스님은 "도를 닦는 이는 반드시 뜻을 먼저 세워야 한다" 하셨다.

영가운 수도자 선수입지
永嘉云 修道者 先須立志

몽산(蒙山)스님은 "참선하는 이가 화두를 의심하지 않는 것은 큰 병이다" 하셨고

몽산운 참선자 불의언구 시위대병
蒙山云 參禪者 不疑言句 是爲大病

또 "크게 의심하는 데서 크게 깨친다"고 하셨다.

우운 대의지하 필유대오
又云 大疑之下 必有大悟

## 15

밤낮으로 무슨 일을 하면서든지

일용응연처
日用應緣處에

오직 '개에게 불성이 없다'는 화두를 들고

지거구자무불성화
只擧狗子無佛性話하야

오나가나 계속 의심하고 의심하여

거래거거 의래의거
擧來擧去하며 疑來疑去에

이치의 길이 끊어지고 뜻의 길이 없어지고 어떤 맛도 없

어져서 마음이 답답할 그때가

각득몰이로 몰의로 몰자미 심두열민시
覺得沒理路 沒義路 沒滋味하야 心頭熱悶時가

문득 몸과 목숨을 내던질 곳이요

변시당인방신명처
便是當人放身命處며

부처가 되고 조사가 되는 대목이니라

역시성불작조저기본야
亦是成佛作祖底基本也니라

**주해**

어떤 스님이 조주스님께 물었다.

승문조주
僧問趙州

"개에게 불성이 있습니까 없습니까?"

구자환유불성야무
狗子還有佛性也無

"무(無)(없다)."

주운 무
州云 無

이 한 글자는 우리 종문의 한 관문[23]으로

차일자자 종문지일관
此一字子 宗門之一關

온갖 나쁜 지견들을 꺾어 버리는 연장이며

역시최허다악지악각저기장
亦是摧許多惡知惡覺底器仗

모든 부처님의 면목이요

역시제불면목
亦是諸佛面目

조사들의 골수이다.

역시제조골수야
亦是諸祖骨髓也

이 관문을 뚫은 뒤라야

수투득차관연후
須透得此關然後

---

23. 종문의 한 관문(宗門之一關) : 종문은 선종. 일관은 꼭 통과해야 할 하나의 관문. 화두라는 관문을 통과하여야 견성성불할 수 있다고 하여, 선종에서는 화두를 관문으로 삼고 있다. 이를 조사관祖師關이라고도 한다.

가히 부처나 조사가 될 수 있다. 佛祖可期也(불조가기야)

頌

옛 어른이 송하셨다. 古人頌云(고인송운)

조주의 무서운 칼 趙州露刃劍(조주로인검)

서릿발처럼 번쩍이네 寒霜光燄燄(한상광염염)

무어라 물으려 하면 擬議問如何(의의문여하)

네 몸이 두 동강나리 分身作兩段(분신작양단)

16.

화두를 話頭(화두)를

억지로 일으켜 알아맞히려 하지 말고 不得擧起處(부득거기처)에 承當(승당)하며

생각으로 헤아리지도 말고 不得思量卜度(부득사량복탁)하며

깨닫기를 기다리지도 말아야 한다 又不得將迷待悟(우부득장미대오)니

더 생각할 수 없는 곳까지 나아가 생각하면 마음이 더 갈 곳이 없어서 就不可思量處(취불가사량처)하야 思量(사량)하면 心無所之(심무소지)가

늙은 쥐가 소의 뿔에 들어가다가 꼭 잡히듯 하게 된다 如老鼠入牛角(여노서입우각)하야 便見倒斷也(변견도단야)니라

識情
이건가 저건가 따지고 맞추는 것도 식정[24]이요

우심상 계교안배저 시식정
又尋常에 計較安排底도 是識情이요

생사 따라 굴러다니는 것도 식정이요

수생사천류저 시식정
隨生死遷流底도 是識情이요

무서워하고 방황하는 것도 식정이다

파포장황저 시식정
怕怖慞惶底도 是識情이어늘

요즘 사람은 이것이 병통임을 알지 못하여

금인 부지시병
今人이 不知是病하고

이 식정 속에 빠졌다 솟았다 할 뿐이다

지관재리허 두출두몰
只管在裡許하야 頭出頭沒하나니라

화두를 참구하는 데 열 가지 병이 있다. 화두 유십종병 話頭 有十種病

① 꾀로써 헤아리는 것 왈의근하복탁 曰意根下卜度

② 눈썹을 오르내리고 눈을 찡긋하는 것을 뿌리로 삼는 것(모든 것은 마음이요 불성이니 따로 깊이 알려고 할 필요가 없다고 하는 것) 왈양미순목처타근 曰揚眉瞬目處垜根

③ 말로 삶의 방도를 삼는 것 왈어로상작활계 曰語路上作活計

④ 옛글을 끌어다가 증명하려는 것 왈문자중인증 曰文字中引證

⑤ 화두를 들어 억지로 알아맞히려는 것 왈거기처승당 曰擧起處承當

24. 식정識情 : 식심識心이나 망념妄念과 같은 말이니, 무슨 생각이든 모두 식정이다.

| | |
|---|---|
| ⑥ 다 버리고 일 없는 데 들어앉는 것 | 曰颺在無事匣裡 (왈양재무사갑리) |
| ⑦ 있기도 없기도 하다고 하는 것 | 曰作有無會 (왈작유무회) |
| ⑧ 참으로 없다고 하는 것 | 曰作眞無會 (왈작진무회) |
| ⑨ '도리가 그렇거니' 하는 것 | 曰作道理會 (왈작도리회) |
| ⑩ 조급하게 깨치기를 기다리는 것. | 曰將迷待悟也 (왈장미대오야) |
| 이 열 가지 병을 여의고 | 離此十種病者 (이차십종병자) |
| 화두를 들 때는 | 但擧話頭時 (단거화두시) |
| 오로지 정신을 차려서 | 略抖擻精神 (약두수정신) |
| 다만 '무슨 뜻인고?' 의심할 뿐이다. | 只疑是個甚麽 (지의시개심마) |

17.

| | |
|---|---|
| 이 일은 | 此事는 (차사) |
| 모기가 강철로 된 소에게 덤벼들듯이 | 如蚊子가 上鐵牛하야 (여문자 상철우) |
| 묻지도 따지지도 말고 | 更不問如何若何하고 (갱불문여하약하) |
| 함부로 주둥이를 댈 수 없는 곳에 | 下嘴不得處에 (하취부득처) |
| 목숨을 버릴 각오로 한 번 뚫어 보면 | 棄命一攢하야 (기명일찬) |
| 몸뚱이째 사뭇 들어가게 되느니라 | 和身透入이니라 (화신투입) |

**주해**

| | |
|---|---|
| 이 말씀은 앞에서 말한 뜻을 거듭 다져 | 重結上意 (중결상의) |

활구를 참구하는 이로 하여금
사참활구자
使参活句者

뒷걸음치지 않도록 하려는 것이다.
부득퇴굴
不得退屈

옛 어른은 이르셨다.
고운
古云

참선을 하려거든 뚫으라 조사관을!
참선수투조사관
参禪須透祖師關

오묘한 깨침은 마음 길이 끊어져야
묘오요궁심로절
妙悟要窮心路絶

## 18.

공부는 거문고 줄을 조율하듯
공부 여조현지법
工夫는 如調絃之法하야

팽팽함과 느슨함이 알맞아야 한다
긴완득기중
緊緩得其中이니

너무 애를 쓰면 집착에 빠지기 쉽고
근즉근집착
勤則近執着이요

잊어버리면 무명 속에 떨어지나니
망즉낙무명
忘則落無明하리니

또렷또렷하고 분명하면서도
성성역력
惺惺歷歷하며

촘촘하고 끊어짐 없이 하여야 한다
밀밀면면
密密綿綿이니라

**주해**

거문고를 탈 때 그 줄의 느슨하고 팽팽함이 알맞은 뒤에라야 맑고 아름다운 소리가 흘러나오게 된다.
탄금자왈 완급득중 연후 청음보의
彈琴者曰 緩急得中 然後 淸音普矣

공부도 이와 같아서
공부역여차
工夫亦如此

조급히 하면 기혈이 치솟고 急則動血囊(급즉동혈낭)

잊어버리면 귀신의 굴로 들어간다. 忘則入鬼窟(망즉입귀굴)

느리지도 빠르지도 않게 하라. 不徐不疾(불서부질)

오묘함이 이 속에 있다. 妙在其中(묘재기중)

19.

공부를 하되 工夫(공부)가

걸어가면서 걷는 줄을 모르고 到行不知行(도행부지행)하며

앉아도 앉는 줄을 모르게 되면 坐不知坐(좌부지좌)하면

이때 팔만 사천 마군의 떼가 當此之時(당차지시)하야 八萬四千魔軍(팔만사천마군)이

눈 귀 코 등의 육근문(六根門) 앞에 도사리고 있다가 在六根門頭伺候(재육근문두사후)라가

마음을 따라 온갖 꾀를 부리느니라 隨心生設(수심생설)하니라

그러나 마음이 움직이지 않는다면 心若不起(심약불기)하면

무슨 상관이 있으랴 爭如之何(쟁여지하)리요

**주해**

'마'란 나고 죽음(生死, 생사)을 즐기는 귀신의 이름이요

魔軍者 樂生死之鬼名也(마군자 낙생사지귀명야)

팔만 사천 마군은 중생의 팔만 사천 번뇌이다.

팔만사천마군자 내중생팔만사천번뇌야
八萬四千魔軍者 乃衆生八萬四千煩惱也

마는 본래 씨가 따로 없지만

마본무종
魔本無種

수행을 하다가 바른 생각을 잃으면

수행실념자
修行失念者

이를 근원으로 삼아 퍼져 나온다.

수파기원야
遂派其源也

중생은 환경에 순종하므로 탈이 없고

중생순기경고 순지
衆生順其境故 順之

도 닦는 이는 환경에 역행하므로 마가 대들게 된다.

도인역기경고 역지
道人逆其境故 逆之

그러기에 "도가 높아질수록 마도 더 성해진다"고 하는 것이다.

고운 도고마성야
故云 道高魔盛也

선정 중에 상주를 보고 제 다리를 찍거나[25]

선정중 혹견효자이작고
禪定中 或見孝子而斫股

돼지를 보고 제 코를 붙잡기도 하는 것이[26]

혹견저자이파비자
或見猪子而把鼻者

모두 자기 마음에서 망상을 일으켜

역자심기견
亦自心起見

외마(外魔)를 본 사례들이다.

감차외마야
感此外魔也

---

25. 옛날 어떤 선사가 좌선하는데, 한 상복을 입은 사람이 송장을 메고 와서 "왜 당신이 우리 어머니를 죽였느냐?"며 달려들기에, 시비 끝에 도끼로 그 상주를 찍었는데, 나중에 보니 자기 다리에서 피가 흐르고 있었다.

26. 어떤 선사는 공부를 하고 있는데 산돼지가 와서 대들기에, 그 코를 잡고 소리치다가 정신 차려 보니 자기 코를 잡고 있었다. 이 모두 제 생각으로 짓는 마이다.

만약 마음에 망상이 일어나지 않으면 心若不起則(심약불기즉)
마의 온갖 재주가 種種伎倆(종종기량)
물을 베려 하거나 빛을 불어 버리려는 것처럼 헛수고만 될 뿐이다. 翻爲割水吹光也(번위할수취광야)
옛말에 "벽에 틈이 나면 바람이 들어오고 마음에 틈이 나면 마가 들어온다" 하였다. 古云(고운) 壁隙風動(벽극풍동) 心隙魔侵(심극마침)

20.

일어나는 마음은 천마[27]요 起心(기심)은 是天魔(시천마)요
일어나지 않는 마음은 음마[28]이며 不起心(불기심)은 是陰魔(시음마)요
혹 일어나기도 하고 일어나지 않기도 하는 것은 번뇌마이다 或起或不起(혹기혹불기)는 是煩惱魔(시번뇌마)로다
그러나 우리 바른 법 가운데에는 然(연)이나 我正法中(아정법중)에는
본래 이와 같은 것이 없느니라 本無如是事(본무여시사)니라

**주해**

대저 무심한 것은 불도(佛道)이고 大抵(대저) 忘機是佛道(망기시불도)

---

27. 천마天魔 : 마왕 파순波旬의 방해. 더 분명히 말하면, 한 생각 일어나는 것이 곧 천마다.
28. 음마陰魔 : 오음마五陰魔 또는 오온마五蘊魔라고 한다. 우리의 감각에 따라 일어나는 반사적인 생각과 동작 전체, 곧 색·수·상·행·식의 오음 모두가 그대로 음마이다.

분별하는 것은 마(魔)의 경계다.
分別是魔境 (분별시마경)

허나 마의 경계는 꿈속의 일이다.
然魔境夢事 (연마경몽사)

어찌 더 길게 말하랴.
何勞辨詰 (하로변힐)

## 21.

**공부가 익어 한 조각을 이루게 되면**
工夫가 若打成一片則 (공부 약타성일편즉)

**비록 금생에 깨치지 못하더라도**
縱今生에 透不得이라도 (종금생 투부득)

**마지막 눈을 감을 때**
眼光落地之時에 (안광낙지지시)

**나쁜 업에 끌리지 않게 되느니라**
不爲惡業所牽이니라 (불위악업소견)

**주해**

업이란 어두컴컴한 무명이요
業者 無明也 (업자 무명야)

참선은 반야의 밝은 지혜이다.
禪者 般若也 (선자 반야야)

밝음과 어둠이 서로 맞서지 못함은
明闇不相敵 (명암불상적)

당연한 이치 아닌가.
理固然也 (이고연야)

22.

대저 참선인들이여

대저 참선자
大抵 參禪者여

① 네 가지 은혜(사은 四恩)가 깊고 두텁다는 것을 알고 있는가?

환지사은 심후마
還知四恩이 深厚麽아

② 사대(四大)로 된 더러운 이 몸이 생각생각에 썩어 가는 것을 알고 있는가?

환지사대추신 염념쇠후마
還知四大醜身이 念念衰朽麽아

③ 사람의 목숨이 호흡 한 번 사이에 있음을 알고 있는가?

환지인명 재호흡마
還知人命이 在呼吸麽아

④ 부처님이나 조사 같은 이를 만나고도 그대로 지나치지는 않는가?

생래치우불조마
生來値遇佛祖麽아

⑤ 위없는 법문을 들으면서 기쁘고 다행스럽다는 생각을 하고 있는가?

급문무상법 생희유심마
及聞無上法하야 生希有心麽아

⑥ 공부하는 곳에 머물면서 도 닦는 이의 절개를 지키고 있는가?

불리승당 수절마
不離僧堂하야 守節麽아

⑦ 곁에 있는 사람들과 잡담이나 하면서 지내지는 않는가?

불여인단 잡화마
不與隣單으로 雜話麽아

⑧ 사람을 멀리하거나 부추기거나 옳고 그름을 따지고 있지는 않은가?

절기고선시비마
切忌鼓扇是非麽아

⑨ 어느 때나 화두가 또렷이 들리고 있는가?

화두 십이시중 명명불매마
話頭가 十二時中에 明明不昧麼아

⑩ 이야기를 할 때에도 화두가 끊임없이 이어지고 있는가?

대인접화시 무간단마
對人接話時에 無間斷麼아

⑪ 보고 듣고 깨닫고 알 때에도 화두가 한 덩어리를 이루고 있는가?

견문각지시 타성일편마
見聞覺知時에 打成一片麼아

⑫ 제 공부를 돌아보니 부처와 조사를 잡을 만하게 되었는가?

반관자기 착패불조마
返觀自己하야 捉敗佛祖麼아

⑬ 금생에 결정코 부처님의 혜명(慧命)을 이을 수 있겠는가?

금생 결정속불혜명마
今生에 決定續佛慧命麼아

⑭ 앉고 눕고 편안한 때에 지옥의 괴로움을 생각하는가?

기좌편의시 환사지옥고마
起坐便宜時에 還思地獄苦麼아

⑮ 이 생에 받은 이 몸으로 결정코 윤회를 벗어날 수 있겠는가?

차일보신 정탈윤회마
此一報身이 定脫輪廻麼아

⑯ 여덟 가지 바람[29]이 불어올 때 마음이 움직이지 않는가?

당팔풍경 심부동마
當八風境하야 心不動麼아

이것이 참선하는 이들이 공부를 하면서 때때로 점검하여야 할 도리이다.

차시참선인 일용중점검저도리
此是參禪人의 日用中點檢底道理니라

29. 여덟 가지 바람〔八風〕 : ①나의 이익〔이利〕 ②내 힘의 쇠퇴〔쇠衰〕 ③나를 비난하고 공격하는 것〔훼毁〕 ④나를 높이 평가하는 것〔예譽〕 ⑤나를 칭찬하는 것〔칭稱〕 ⑥나를 비웃는 것〔기譏〕 ⑦고생되는 것〔고苦〕 ⑧즐거운 것〔낙樂〕.

옛 어른이 이르셨다.

고인운
古人云

"이 몸을 금생에 건지지 못할진대

차신불향금생도
此身不向今生度하면

어느 생을 기다려 이 몸을 건지리!"

갱대하생도차신
更待何生度此身이리요

**주해**

①'네 가지 은혜'란 부모와 나라와 스승과 시주의 은혜이다.

사은자 부모군사시주은야
四恩者 父母君師施主恩也

②'사대로 된 더러운 몸'이란

사대추신자
四大醜身者

아버지의 정수 한 방울과 어머니의 피 한 방울은 물의 젖은 기운이요

부지정일적 모지혈일적자 수대지습야
父之精一滴 母之血一滴者 水大之濕也

정수가 뼈와 살과 가죽이 됨은 땅의 단단한 기운이요

정위골혈위피자 지대지견야
精爲骨血爲皮者 地大之堅也

정수와 피가 한 덩어리로 되어 썩지도 않고 녹아 버리지도 않는 것은 불의 더운 기운이요

정혈일괴 불부불란자 화대지난야
精血一塊 不腐不爛者 火大之暖也

콧구멍이 먼저 뚫려 숨이 통하는 것은 바람의 움직이는 기운이다.

비공선성 통출입식자 풍대지동야
鼻孔先成 通出入息者 風大之動也

아난존자는 '욕기(欲氣)가 거칠고 탁하고 비리고 더러운 것과 어울려 뭉쳐진다 것'이라 하였으니

아난왈 욕기추탁성조교구
阿難曰 欲氣麤濁腥臊交遘

이것이 '더러운 몸'이라 하는 까닭이다. 차소이추신야 此所以醜身也

**'생각생각에 썩어간다'**는 것은 념념쇠후자 念念衰朽者

세월이 잠시도 쉬지 않아서 두상광음 찰나부정 頭上光陰 刹那不停

얼굴은 저절로 주름이 잡히고 머리털은 어느새 희어지니 면자추이발자백 面自皺而髮自白

다음의 말과 같도다. 여운 如云

"지금은 이미 옛 모습 없지만 금기불여석 今旣不如昔

옛날에야 어찌 지금 같았을까?" 후당불여금 後當不如今

과연 무상한 몸이지 않은가! 차무상지체야 此無常之體也

이 무상이라는 귀신은 연 무상지귀 然 無常之鬼

죽이는 것을 놀이로 삼나니 이살위희 以殺爲戲

생각할수록 무서울 뿐이다. 실념념가비야 實念念可畏也

③ **'호흡'**의 날숨은 불 기운이요 들숨은 바람 기운이니 호자 출식지화야 흡자 입식지풍야 呼者 出息之火也 吸者 入息之風也

사람의 목숨은 오로지 들이쉬고 내쉬는 숨에 의탁하고 있다. 인명기탁 지재출입식야 人命寄托 只在出入息也

⑯ **'여덟 가지 바람'**이란 마음에 맞는 것과 거슬리는 것의 두 가지 환경이다. 팔풍자 순역이경야 八風者 順逆二境也

⑭ **'지옥의 괴로움'**이란 지옥고자 地獄苦者

인간의 60겁이 지옥의 하루 낮과 밤이며

인간육십겁 니리일주야
人間六十劫 泥犁一晝夜

확탕지옥·노탄지옥·검수지옥·도산지옥의 괴로움은

확탕노탄 검수도산지고
鑊湯爐炭 劍樹刀山之苦

입으로 다 말할 수가 없다.

구불가형언야
口不可形言也

사람의 몸을 다시 받아 나기가

인신난득
人身難得

바다에 떨어진 바늘 찾기보다 더 어렵기 때문에

심어해중지침고
甚於海中之鍼故

불쌍히 여겨 일깨우는 것이다.

어차 민이경지
於此 愍而警之

評

이상의 법문들은

상래법어
上來法語

물의 차고 더움을 마시는 사람 스스로만이 알 뿐인 것과 같다.

여인음수냉난자지
如人飮水冷暖自知

총명으로는 업의 힘을 막지 못하고

총명부능적업
聰明不能敵業

건혜(乾慧, 메마른 지혜)로는 괴로운 윤회 면치 못하니

건혜미면고륜
乾慧未免苦輪

각자가 살피고 생각하여

각수찰념
各須察念

스스로 속지 말아야 한다.

물이자만
勿以自謾

## 23.

말을 배우는 무리들은

학 어 지 배
學語之輩가

말을 할 때 깨친 듯하다가도

설 시 사 오
說時似悟나

경계에 부닥치면 캄캄해지나니

대 경 환 미
對境還迷니

"말과 행이 서로 다르다" 함이 이것이다

소 위 언 행 상 위 자 야
所謂言行이 相違者也라

이는 앞(22)의 '스스로 속는다〔自謾(자만)〕'는 것을 맺은 말이다.

차 결 상 자 만 지 의
此結上自謾之意

**주해**

말과 행실이 같지 않고서야

언 행 상 위
言行相違

무슨 소용이 있으랴.

허 실 가 변
虛實可辨

## 24.

원수인 생사를 막고자 하는가?

약 욕 적 생 사
若欲敵生死인댄

모름지기 이 한 생각을 '탁!' 한 번 깨뜨려야만

수 득 저 일 념 자 폭 지 일 파
須得這一念子를 爆地一破하야사

비로소 생사를 요달하게 되느니라

방 요 득 생 사
方了得生死니라

주해

'탁!'은 새까만 칠통[30]을 깨뜨리는 소리이며

폭지 타파칠통성
爆地 打破漆桶聲

칠통을 깨뜨려야 생사를 끊을 수 있나니

타파칠통연후 생사가적야
打破漆桶然後 生死可敵也

부처님들께서 인지(因地)에서 닦은 수행은 오직 이것뿐이다.

제불인지법행자 지차이이
諸佛因地法行者 只此而已

25.

**그러나 한 생각을 '탁! 한 번 깨뜨린 뒤에는**

연 일념자 폭지일파연후
然이나 一念子를 爆地一破然後에

**반드시 밝은 스승을 찾아가**

수방명사
須訪明師하야

**눈알이 바른지를 검사 받아야[31] 한다**

결택정안
決擇正眼이니라

주해

이 일은 도무지가 쉽지 않나니

차사극불용이
此事極不容易

갈수록 부끄러운 생각을 내어야 한다.

수생참괴시득
須生慚愧始得

30. 칠통漆桶 : 무명이 덮인 중생의 마음이 어둡고 검기가 옻을 담은 통과 같음을 비유한 것.

31. 깨침의 정도는 천층 만층이므로 반드시 선지식을 찾아가 점검 받고, 인가印可를 받아야 한다.

道
'도'는 큰 바다와 같아서
들어갈수록 더욱 깊어지나니
작은 것을 얻는 것으로 만족하지 말라.
깨친 뒤 선지식을 만나지 못하면
醍 醐
제호와 같은 좋은 맛이
도리어 독약이 되리라.

도 여 대 해
道如大海
전 입 전 심
轉入轉深
신 물 득 소 위 족
愼勿得少爲足
오 후 약 불 견 인 즉
悟後若不見人則
제 호 상 미
醍醐上味
번 성 독 약
翻成毒藥

## 26.

옛 어른이 이르셨다
"다만 네 눈 바른 것만 귀히 여길 뿐
너의 행실은 귀하지가 않구나"

고 덕 운
古德 云
지 귀 자 안 정
只貴子眼正이요
불 귀 여 행 리 처
不貴汝行履處라

**주해**

溈 山 仰 山
옛날 위산스님[32]의 물음에 앙산[33]이 대답하였다.

석 앙 산 답 위 산 문 운
昔仰山答溈山問云

32. 위산溈山 : 771~853. 법명은 영우靈祐, 성은 조趙씨. 열다섯 살에 출가하고, 23세에 백장百丈선사 밑에서 공부하여 크게 깨쳤다. 그 뒤 위산에 새로운 절을 지어, 그곳에서 40여 년 동안 종풍을 크게 떨쳤다. 대중이 항상 1,500명을 넘었고, 법제자만 41명이었다.
33. 앙산仰山 : 814~890. 법명은 혜적慧寂, 성은 섭葉씨. 어려서 출가하려 하였으나 부모가 허락하지 않자, 손가락 둘을 끊고 17세에 비로소 뜻을 이루었다. 처음 탐원耽源선사에게서 깨친 바가 있었으며, 위산선사를 찾아가 참부처의 있는 곳을 물어 크게 깨치고 그의 법을 이었다. 그 뒤 강서성 대앙산에서 교화하다가, 소주 동평산에서 77세로 입적하였다. 뒤에 위산과 앙산의 한 글자씩을 따서 위앙종溈仰宗이라는 종파가 생겨나게 되었다.

"열반경 40권이 모두 마군의 말입니다."

열반경사십권 총시마설
涅槃經四十卷 總是魔說

이것이 앙산의 바른 눈〔正眼〕이다.

차앙산지정안야
此仰山之正眼也

앙산이 행실에 대하여 묻자 위산스님이 대답하였다.

앙산우문행리처 위산답왈
仰山又問行履處 潙山答曰

"너의 눈 바른 것만을 귀하게 여길 뿐, 너의 행실은 귀하지가 않구나."

지귀자안정운운 불귀여행리처
只貴子眼正云云 不貴汝行履處

이것이 바른 눈을 뜬 뒤의 행실에 대해 말하는 까닭이다.

차소이선개정안이후 설행리야
此所以先開正眼而後 說行履也

그러므로 "공부를 이루려면 먼저 돈오(頓悟)를 해야 한다"고 하신 것이다.

고운 약욕수행 선수돈오
故云 若欲修行 先須頓悟

## 27.

바라건대 공부하는 이들은
자기의 마음을 깊이 믿어서
스스로를 굽히거나 높이지 말지어다

원제도자
願諸道者는

심신자심
深信自心하야

부자굴부자고
不自屈不自高니라

**주해**

이 마음은 평등하여 본래 범부도 성인도 없지만

차심평등 본무범성
此心平等 本無凡聖

사람들을 보면 어두운 이와 깨친 이가 있고 범부와 성인이 있다.

연약인 유미오범성야
然約人 有迷悟凡聖也

스승의 가르침을 받아 참 나가 부처와 다름이 없음을 문득 깨치는 것이 돈頓(단박에 깨침)이니

인사격발 홀오진아 여불무수자 돈야
因師激發 忽悟眞我 與佛無殊者 頓也

이 때문에 스스로를 굽히지 말라 하였으며

차소이부자굴
此所以不自屈

'본래 한 물건도 없다〔本來無一物〕'[34]고 한 것이다.

여운 본래무일물야
如云 本來無一物也

깨친 뒤에 습관들을 끊어 범부를 성인으로 바꾸어 가는 것이 점漸(점차로 닦아 감)이니

인오단습 전범성성자 점야
因悟斷習 轉凡成聖者 漸也

이 때문에 스스로를 높이지 말라 하였으며

차소이부자고
此所以不自高

'부지런히 털고 닦으라〔時時勤拂拭〕'[35]고 한 것이다.

여운 시시근불식야
如云 時時勤拂拭也

굽히는 것은 교학자의 병통이요

굴자 교학자병야
屈者 教學者病也

34. 육조 혜능대사 말씀
35. 신수神秀대사의 말씀

높이는 것은 선학자의 병통이다. 고자 선학자병야 高者 禪學者病也

교학자(교를 배우는 이)는 교학자 敎學者

禪門
선문 속의 깨쳐 들어가는 비결이 있음을 믿지 않고

불신 선문유오입지비결 不信 禪門有悟入之秘訣

방편의 가르침에 깊이 걸려서 심체권교 深滯權敎

참과 거짓을 구별하고 집착하여 별집진망 別執眞妄

觀行
관행을 닦지 않은 채 불수관행 不修觀行

남의 보배만 헤아리기 때문에 수타진보고 數他珍寶故

스스로 뒷걸음질을 치게 된다. 자생퇴굴야 自生退屈也

선학자(참선을 하는 이)는 선학자 禪學者

敎門
교문 속에 닦고 끊는 바른 길이 있음을 믿지 않고

불신 교문유수단지정로 不信 敎門有修斷之正路

물든 습관이 일어날지라도 염습수기 染習雖起

부끄러워 할 줄 모르며 불생참괴 不生慚愧

공부가 시작 단계에 있는데도 과급수초 果級雖初

법에 대한 교만심이 많아 다유법만고 多有法慢故

자신을 높이는 말을 한다. 발언과고야 發言過高也

그러므로 마음을 닦는 이는 이 뜻을 잘 알아서 스스로를 굽히지도 높이지도 말아야 한다.

시고 득의수심자 부자굴부자고야
是故 得意修心者 不自屈不自高也

**評**

스스로 굽히지도 높이지도 말라 함은 不自屈不自高者(부자굴부자고자)

초심(初心)이라는 '인(因) 속에 과(果)의 바다가 갖추어져 있음〔因該果海(인해과해)〕'을[36] 간략히 나타낸 것으로

약거 초심인해과해즉
略擧 初心因該果海則

오직 이 하나의 경지만 믿어도 되지만 雖信之一位也(수신지일위야)

55위[37]로써 보살들이 얻는 '과(果)가 근원인 인(因)과 통하고 있음〔果徹因源(과철인원)〕'을 널리 나타내고 있다.

광거보살 과철인원즉 오십오위야
廣擧菩薩 果徹因源則 五十五位也

## 28.

**마음을 모르고 도를 닦으면** 迷心修道(미심수도)하면

**무명만 도와줄 뿐이니라** 但助無明(단조무명)이니라

**주해**

철저히 깨치지 못한다면 悟若未徹(오약미철)

---

36. 인해과해因該果海·과철인원果徹因源은 청량국사淸凉國師의 『화엄경소』에 있는 말이다.
37. 55위五十五位 : 『능엄경楞嚴經』에서 밝힌 보살의 수행 과정. 십신十信·십주十住·십행十行·십회향十廻向·사가행四加行·십지十地를 낱낱이 다 지나 올라가야 성불하게 된다고 하였다.

어찌 참되이 닦을 수 있으랴!
깨달음과 닦음은
기름과 불이 서로 따르고
눈과 발이 서로 돕는 것과 같다.

수기칭진재
修豈稱眞哉
오수지의
悟修之義
여고명상뢰
如膏明相賴
목족상자
目足相資

29.

**수행의 요점이 무엇인가?**
**다만 범부의 생각이 다하는 것일 뿐**
**성인만의 알음알이**(깨달음)**는 따로 없느니라**

수행지요
修行之要는
단진범정
但盡凡情이언정
별무성해
別無聖解니라

**주해**

병이 나아 약을 쓰지 않게 되니
앓기 전의 그 사람이로다.

병진약제
病盡藥除
환시본인
還是本人

30.

**중생의 마음을 버리려 하지 말고**
**다만 제 본성을 더럽히지 말라**
**정법을 구하는 것이 곧 삿됨이니라**

불용사중생심
不用捨衆生心이요
단막염오자성
但莫染汚自性하라
구정법 시사
求正法이 是邪니라

**주해**

버리고 구하는 것이 다 더럽힘이다. 捨者求者(사자구자) 皆是染汚也(개시염오야)

## 31.

**번뇌를 끊는 것이 이승(二乘)이요** 斷煩惱(단번뇌)가 名二乘(명이승)이요

**번뇌가 나지 않음이 대열반이니라** 煩惱不生(번뇌불생)이 名大涅槃(명대열반)이니라

**주해**

끊는다 함은 주체와 객체가 있음이요 斷者(단자) 能所也(능소야)

나지 않음은 주체와 객체가 없음이다. 不生者(불생자) 無能所也(무능소야)

## 32.

**모름지기 마음을 비우고 스스로를 비추어 보아** 須虛懷自照(수허회자조)하야

**인연 따라 일어나는 한 생각이 남이 없다는 것을 믿어야 한다.** 信一念緣起無生(신일념연기무생)하라

이는 단지 본성의 일어남만을 밝힌 것이다. 此單明性起(차단명성기)

33.

살생·도둑질·음행·거짓말 등이
일심에서 일어났음을 살펴보라
그 일어나는 곳이 오히려 고요한데
무엇을 다시 끊으리!

제관 살도음망
諦觀 殺盜淫妄이
종일심상기
從一心上起라
당처변적
當處便寂이니
하수갱단
何須更斷이리

이는 성(性)(본성)과 상(相)(양상·겉모습)을 함께 밝힌 것이다.

차쌍명성상
此雙明性相

**評**

경에 "한 생각도 일어나지 않아야 무명을 아주 끊은 것이라 한다" 하였고
"생각이 일어나면 즉시 깨달아라" 하였다.

경운 불기일념 명위영단무명
經云 不起一念 名爲永斷無明
우운 염기즉각
又云 念起卽覺

34.

환(幻)인 줄 알면 곧 떠나는 것이니
더이상 방편을 지을 것이 없고
환을 떠나면 곧 깨친 것이니

지환즉리
知幻卽離라
부작방편
不作方便이요
이환즉각
離幻卽覺이라

다시 닦아 가야 할 것이 없느니라 　 역무점차 亦無漸次니라

주해

마음은 환(幻)(꼭두각시 환상 허깨비)을 만드는 기술자요 　 심위환사야 心爲幻師也

몸은 환이 사는 마을이다. 　 신위환성야 身爲幻城也

세계는 환의 옷이요 　 세계환의야 世界幻衣也

이름과 형상은 환의 밥이다. 　 명상환사야 名相幻食也

뿐만이 아니라 마음을 일으키고 생각을 내는 것, 거짓말과 참말 등 어느 것 하나 환 아닌 것이 없다. 또

지어기심동념 언망언진 무비환야 우 至於起心動念 言妄言眞 無非幻也 又

시작을 알 수 없는 환과 같은 무명은 　 무시환무명 無始幻無明

모두가 원각(圓覺)의 마음에서 나왔도다 　 개종각심생 皆從覺心生

환들은 모두가 허공꽃과 같나니 　 환환여공화 幻幻如空花

환이 없어지면 곧 부동지(不動地)니라 　 환멸명부동 幻滅名不動

마치 꿈에 창병이 나서 의사를 찾다가 　 고 몽창구의자 故 夢瘡求醫者

잠에서 깨어나면 방편이 필요 없듯이 　 오래무방편 寤來無方便

환인 줄을 알게 되면 또한 이와 같다. 　 지환자역여시 知幻者亦如是

## 35.

**중생이 남이 없는〔無生〕 가운데**
**망령되이 생사와 열반을 보는 것은**
**허공에서 꽃이 피었다가 사라짐을 보는 것과 같으니라**

중생어무생중
衆生於無生中에
망견생사열반
妄見生死涅槃은
여견공화기멸
如見空花起滅이니라

**주해**

본성에는 본래 남이 없기 때문에 — 성본무생고 性本無生故
생사와 열반이 없고 — 무생열야 無生涅也
허공에는 본래 꽃이 없기 때문에 — 공본무화고 空本無花故
꽃이 피었다가 사라질 까닭이 없다. — 무기멸야 無起滅也
생사가 있다고 보는 것은 — 견생사자 見生死者
허공꽃의 피어남을 보는 것과 같고 — 여견공화기야 如見空花起也
열반이 있다고 보는 것은 — 견열반자 見涅槃者
허공꽃의 사라짐을 보는 것과 같다. — 여견공화멸야 如見空花滅也
곧 피어나도 본래 피어남이 없고 — 연 기본무기 然 起本無起
사라져도 본래 사라짐이 없나니 — 멸본무멸 滅本無滅
이 두 가지 소견에 대해 — 어차이견 於此二見
더이상 궁리하고 따질 것이 없다. — 불용궁힐 不用窮詰
그러므로 『사익경』에 이르셨다. — 시고 사익경운 是故 思益經云

"부처님이 세상에 나오심은 중생을 제도하기 위함이 아니라

제불출세 비위도중생
諸佛出世 非爲度衆生

오직 생사와 열반에 대한 두 소견을 제도하기 위함이니라."

지위도생사열반이견이
只爲度生死涅槃二見耳

36.

**보살이 중생을 제도하여 열반에 들게 할지라도**

보살 도중생입멸도
菩薩이 度衆生入滅度나

**실로 열반을 얻은 중생은 없느니라**

우실무중생득멸도
又實無衆生得滅度니라

**주해**

보살은 다만 생각들을 중생으로 삼나니

보살 지이념념 위중생야
菩薩 只以念念 爲衆生也

생각의 실체가 공함을 요달하면

요념체공자
了念體空者

중생을 제도한 것이 된다.

도중생야
度衆生也

생각이 이미 비어 고요하면

염기공적자
念旣空寂者

실로 제도할 중생이 따로 없다.

실무중생득멸도야
實無衆生得滅度也

이상은 믿음(信)과 이치를 깨침(解)에 대해 논한 것이다. 此上 論信解

## 37.

이치는 비록 단박 깨칠 수 있으나 — 理雖頓悟(이수돈오)나

버릇은 한꺼번에 가셔지지 않느니라 — 事非頓除(사비돈제)니라

**주해**

문수보살은 천진(天眞)을 요달했고 — 文殊達天眞(문수달천진)

보현보살[38]은 연기(緣起)에 밝나니 — 普賢明緣起(보현명연기)

알기는 번갯불과 같으나 — 解似電光(해사전광)

행동은 궁자(窮子)(빈궁한 아들. 법화경의 비유)와 같도다. — 行同窮子(행동궁자)

여기부터는 닦음(修)과 증득(證)에 대해 논한다. — 此下 論修證(차하 논수증)

## 38.

음란하면서 참선하는 것은 — 帶淫修禪(대음수선)은

모래를 쪄서 밥을 지으려는 것과 같고 — 如蒸沙作飯(여증사작반)이요

살생하면서 참선하는 것은 — 帶殺修禪(대살수선)은

제 귀를 막고 소리를 지르는 것과 같고 — 如塞耳叫聲(여색이규성)이요

도둑질하면서 참선하는 것은 — 帶偸修禪(대투수선)은

---

38. 문수文殊·보현普賢 : 문수보살은 지혜와 본래 성불한 천진면목을, 보현보살은 육도만행과 모든 법이 인연을 따라 일어나는 작용을 상징하는 보살이다.

새는 그릇에 물을 채우고자 함과 같고
여누치구만
如漏卮求滿이요

거짓말하면서 참선하는 것은
대망수선
帶妄修禪은

똥으로 향을 만들려는 것과 같나니
여각분위향
如刻糞爲香이니

아무리 지혜가 많다 할지라도
종유다지
縱有多智라도

악마의 길을 이룰 뿐이다
개성마도
皆成魔道니라

여기부터 수행 궤범인 삼무루학(三無漏學)[39]을 밝힌다.
차 명수행궤칙 삼무루학야
此 明修行軌則 三無漏學也

**주해**

소승은 계법(戒法)을 지키는 것으로 계율을 삼기 때문에
소승 품법위계
小乘 稟法爲戒

나타난 것만을 대강 다스리지만
조치기말
粗治其末

대승은 마음을 거두는 것으로 계율을 삼기 때문에
대승 섭심위계
大乘 攝心爲戒

그 미세한 뿌리까지 끊는다.
세절기본
細絶其本

그러므로 법을 지키는 계율은 몸으로 범하는 일만 없으면 되고
연즉 법계무신범
然則 法戒無身犯

마음을 지키는 계율은 생각으로 범하는 일까지 없어야 한다.
심계무사범야
心戒無思犯也

39. 삼무루학三無漏學 : 세 가지 새어 나감이 없는 공부. 곧 계율과 선정과 지혜가 그것이며, 줄여서 계정혜戒定慧 삼학三學이라고도 한다.

음행은 청정함을 끊고
淫者 斷淸淨 (음자 단청정)

살생은 자비심을 끊고
殺者 斷慈悲 (살자 단자비)

도둑질은 복과 덕을 끊고
盜者 斷福德 (도자 단복덕)

거짓말은 진실을 끊는다.
妄者 斷眞實也 (망자 단진실야)

어쩌다가 지혜를 이루어 육신통까지 얻었다 할지라도
能成智慧 縱得六神通 (능성지혜 종득육신통)

살생과 도둑질과 음행과 거짓말을 끊지 않으면
如不斷殺盜婬妄則 (여부단살도음망즉)

반드시 악마의 길에 떨어져 깨달음의 바른 길〔菩提正路(보리정로)〕을 영영 잃어버리게 된다.
必落魔道 永失菩提正路矣 (필낙마도 영실보리정로의)

이 네 가지 계율은 온갖 계율의 근본이므로 따로이 밝힌 것이니
此四戒 百戒之根故 別明之 (차사계 백계지근고 별명지)

생각으로도 범하는 일이 없어야 한다.
使無思犯也 (사무사범야)

후회가 없는 것을 계율이라 하고
無憶曰戒 (무억왈계)

망념이 없는 것을 선정이라 하며
無念曰定 (무념왈정)

헛되지 않은 것을 지혜라 한다.
莫妄曰慧 (막망왈혜)

또 계율은 도둑을 잡는 것이요
又 戒爲捉賊 (우 계위착적)

선정은 도둑을 묶어 놓는 것이며
定爲縛賊 (정위박적)

지혜는 도둑을 죽이는 것이다.

혜위살적
慧爲殺賊

또 계의 그릇이 견고하여야

우 계기완고
又 戒器完固

선정의 물이 맑게 고이고

정수징청
定水澄清

지혜의 달이 두루 나타나게 된다.

혜월방현
慧月方現

戒 定 慧 三學
이 계·정·혜 삼학은 참으로 만법의 근원이 되기 때문에

차삼학자 실위만법지원고
此三學者 實爲萬法之源故

특별히 밝혀 새어 나가는 일들이 없게 하려는 것이다.

특명지 사무제루야
特明之 使無諸漏也

영산회상에 어찌 함부로 지내는 부처가 있으며

영산회상 기유무행불
靈山會上 豈有無行佛

소림 문하에 어찌 거짓말하는 조사가 있으랴.

소림문하 기유망어조
少林門下 豈有妄語祖

39.

덕이 없는 사람은

무덕지인
無德之人은

부처님의 계율에 의지하지 않으며

불의불계
不依佛戒하며

三業
몸과 말과 뜻의 삼업을 지키지 않는다

불호삼업
不護三業하며

함부로 놀거나 게을리 지내고

방일해태
放逸懈怠하며

남을 깔보거나 업신여기며 — 輕慢他人(경만타인)하며
옳고 그름을 따지는 것으로 — 較量是非(교량시비)로
근본을 삼는다 — 而爲根本(이위근본)하니라

**주해**

한 번 마음 계율을 깨뜨리면 — 一破心戒(일파심계)
온갖 허물이 함께 일어난다 — 百過俱生(백과구생)

**評**

이와 같은 마(魔)의 무리들이 — 如此魔徒(여차마도)
말법(末法) 시대에 불붙듯 일어나서 — 末法熾盛(말법치성)
정법(正法)을 어지럽게 하나니 — 惱亂正法(뇌란정법)
공부하는 이는 잘 알아두라. — 學者詳之(학자상지)

40.

만약 계행이 없으면 — 若不持戒(약불지계)하면
심한 피부병 걸린 여우의 몸도 받지 못한다 하였거늘 — 尚不得疥癩野干之身(상부득개라야간지신)이온대
하물며 청정한 보리의 열매를 가히 바랄 수 있겠는가 — 況淸淨菩提果(황청정보리과)를 可冀乎(가기호)아

**주해**

계율 존중하기를 부처님 모시듯이 하면 중계여불 重戒如佛

부처님께서 늘 옆에 계시는 것과 같나니 불상재언 佛常在焉

모름지기 풀에 매여 있었던 일과[40] 거위를 살린 옛 일을[41] 본보기로 삼아야 한다. 수초계아주 이위선도 須草繫鵝珠 以爲先導

## 41.

**나고 죽는 데서 벗어나고자 하면** 욕탈생사 欲脫生死인댄

**먼저 탐욕을 끊고** 선단탐욕 先斷貪欲하고

**애욕의 불을 꺼 버려야 한다** 급제애갈 及除愛渴이니라

**주해**

사랑은 윤회의 근본이 되고 애위윤회지본 愛爲輪廻之本

욕정은 몸 받는 인연이 된다. 욕위수생지연 欲爲受生之緣

---

40. 옛날 인도에서, 한 비구가 들을 지나다가 도둑을 만났다. 도둑은 옷을 빼앗은 다음 풀에 매어 두고 가 버렸다. 비구는 풀이 끊어질까 염려하여, 더위와 배고픔을 참으며 움직이지 않았다. 마침 사냥을 나왔던 왕이 발견하여 풀어준 다음, 그 까닭을 듣고 크게 감동하여 불교에 귀의하였다.

41. 한 비구가 보석을 연마하는 집에 가서 탁발을 하였는데, 마침 왕의 홍보석을 갈고 있던 주인이 잠시 안으로 들어간 사이에 거위가 그 보석을 먹어 버렸다. 주인이 나와 보석을 찾다가 비구를 의심하여 힐문하였는데, 본 대로 말한다면 거위는 당장에 죽게 될 것이므로 모른다고 하였다. 주인이 비구를 묶어 놓고 마구 때리자 피가 흘렀고, 거위는 땅에 떨어지는 피를 먹고 있었다. 주인은 홧김에 거위를 발로 차서 죽였다. 그제야 비구는 사실대로 말하였고, 주인은 눈물로 참회하며 진심으로 귀의하였다.

부처님께서 이르셨다.

불운
佛云

"음심을 끊지 못하면 티끌 속에서 나올 수 없다."

음심부제 진불가출
淫心不除 塵不可出

또 "은혜와 사랑에 한번 얽히게 되면 사람을 끌어다가 죄악의 문 안에 처넣는다"고 하셨다.

우운 은애일박착 견인입죄문
又云 恩愛一縛着 牽人入罪門

애정의 불〔애갈 愛渴〕이란 정과 사랑이 매우 간절함을 나타낸 말이다.

갈자 정애지지절야
渴者 情愛之至切也

## 42.

**걸림없는 맑은 지혜는**
**모두 선정으로부터 나온다**

무애청정혜
無碍清淨慧가
개인선정생
皆因禪定生이니라

**주해**

범부를 뛰어넘어 성인이 되고
앉아서 죽고 서서 가는 것은
모두 선정의 힘이니라.
그러므로 옛 어른이 이르셨다.
"거룩한 길 찾는가?

초범입성
超凡入聖
좌탈입망자
坐脫立亡者
개선정지력야
皆禪定之力也
고운
故云
욕구성도
欲求聖道

이 밖의 딴 길은 없다."

이 차 무 로
離此無路

43.

마음이 선정 속에 있으면

심 재 정 즉
心在定則

세간에서 일어나고 사라지는 일들을 능히 알 수 있게 되느니라

능 지 세 간 생 멸 제 상
能知世間生滅諸相이니라

**주해**

햇살 비치는 작은 문틈에

허 극 일 광
虛隙日光

가는 티끌들이 고물거리고

섬 애 요 요
纖埃擾擾

맑고 고요한 호수의 물에

청 담 수 저
清潭水底

온갖 그림자 또렷이 비치노라

영 상 소 소
影像昭昭

44.

대상을 접할 때 마음이 일어나지 않음을 불생(不生)이라 하고

견 경 심 불 기 명 불 생
見境心不起가 名不生이요

불생을 '무념(無念)'이라 하며

불 생 명 무 념
不生이 名無念이요

무념을 해탈(解脫)이라 하느니라

무 념 명 해 탈
無念이 名解脫이니라

**주해**

계율·선정·지혜 가운데 戒也定也慧也(계야정야혜야)

하나만 들면 셋이 모두 갖추어지게 된다. 擧一具三(거일구삼)

하나씩 따로 있는 것이 아니다. 不是單相(불시단상)

## 45.

**도를 닦아 열반을 얻는다고 하면 이 또한 참됨이 아니요**

修道證滅(수도증멸)이 是亦非眞也(시역비진야)요

**마음 법이 본래 고요함을 아는 것이 참된 열반이다**

心法本寂(심법본적)이 乃眞滅也(내진멸야)라

**그러므로 "온갖 것이 본래부터 늘 그대로 열반이다"라고 하셨느니라**

故曰(고왈), 諸法從本來(제법종본래)로 常自寂滅相(상자적멸상)이라 하니라

**주해**

눈은 스스로를 볼 수가 없다. 眼不自見(안불자견)

눈이 제 눈을 본다면 참이 아니다. 見眼者 妄也(견안자 망야)

그러므로 묘수(妙首)보살[42]은 생각으로 따졌는데 故妙首思量(고묘수사량)

42. 묘수보살 : 문수사리보살의 다른 이름. 문수文殊는 '묘妙하다'는 뜻이고, 사리師利는 '머리〔首〕, 또는 덕德·길상吉祥 등의 뜻이다.

淨名
정명거사[43]는 말이 없었다.

정명두묵
淨名杜默

이 아래에서는 자잘한 행실에 대해 낱낱이 말한다.

이하 산거세행
以下 散擧細行

## 46.

가난한 이가 와서 구걸하면
분수대로 베풀어 주어라
동체대비가 참된 보시니라

빈인 내걸
貧人이 來乞커든
수분시여
隨分施與하라
동체대비 시진보시
同體大悲가 是眞布施니라

**주해**

同體
나와 남이 둘 아닌 것이 동체요
빈 손으로 왔다가 빈 손으로 가는 것이
우리네 살림살이다.

자타위일왈동체
自他爲一曰同體
공수래공수거
空手來空手去
오가활계
吾家活計

## 47.

누가 와서 해롭게 하더라도
마음을 잘 단속하여

유인 내해
有人이 來害어든
당자섭심
當自攝心하야

43. 정명거사 : 유마힐, 또는 유마維摩라고도 한다. 유마경에서 문수보살과 불이법문을 논할 때 유마거사는 침묵하였다.

성을 내거나 원망하지 말라　　물생진한 勿生瞋恨하라

한 생각 성내는 데서　　일념진심기 一念瞋心起하면

온갖 장애의 문이 열리느니라　　백만장문개 百萬障門開니라

**주해**

번뇌가 한량이 없으나　　번뇌수무량 煩惱雖無量

성내는 것보다 더한 것은 없다.　　진만위심 瞋慢爲甚

『열반경』에 "창칼로 찌르거나 치료약을 발라 주는 두 가지에 다 무심하라[44]" 하였으니　　열반운 도할 양무심 涅槃云 塗割 兩無心

성내는 것은 찬 구름 속에서 벼락이 일어남과 같은 것이다.　　진여냉운중 벽력기화래 瞋如冷雲中 霹靂起火來

## 48.

만약 참는 행실이 없다면　　약무인행 若無忍行하면

어떠한 보살행도 이루지 못하느니라　　만행불성 萬行不成이니라

**주해**

수행의 방법이 한량없지만　　행문수무량 行門雖無量

자비와 인욕이 근본이 된다.　　자인위근원 慈忍爲根源

---

44. 한 사람은 와서 칼로 그의 팔을 찍어 내고, 한 사람은 와서 전단향의 물로 씻어주고 좋은 약을 발라줄 경우, 미워하거나 감사한 생각이 함께 없어야 한다는 것이다.

그러므로 옛 어른이 이르셨다.

고덕운
古德云

참는 마음이 환(幻)과 꿈 같다면
욕보는 현실은 거북의 털과 같도다

인심여환몽
忍心如幻夢
욕경약구모
辱境若龜毛

## 49.

**본바탕 천진한 마음을 지키는 것이**
**첫째가는 정진이니라**

수본진심
守本眞心이
제일정진
第一精進이니라

**주해**

만약 정진할 생각을 일으킨다면
이는 망상이지 정진이 아니다.
그러므로 옛 어른이 이르시기를
"망상 내지 말아라.[45] 망상 내지 말아라" 한 것이다.

약기정진심
若起精進心
시망 비정진
是妄 非精進
고운
故云
막망상 막망상
莫妄想 莫妄想

게으른 사람은 늘 뒤만 돌아보나니
이는 스스로를 포기한 사람이다.

해태자 상상망후
懈怠者 常常望後
시자기인야
是自棄人也

45. 망상 내지 말아라〔莫妄想〕: 분양무업汾陽無業선사(762~823)는 누가 무슨 말을 묻든지 한결같이 "망상 내지 말아라! 망상 내지 말아라!"고 하셨다.

## 50.

진언을 외는 까닭이 무엇인가?
지주자
持呪者는

금생에 지은 업은 다스리기 쉬워서
현업이제
現業易制라

나의 힘으로 고칠 수 있으나
자행가위
自行可違나

전생에 지은 업은 지우기가 어려워서
숙업난제
宿業難除라

반드시 신비한 힘을 빌려야 한다
필차신력
必借神力이니라

**주해**

마등가[46]가 법의 열매를 얻었다는 것은 참으로 거짓이 아니다.
마등득과 신불무의
摩登得果 信不誣矣

그러므로 진언을 외우지 않으면
고부지신주
故不持神呪

마의 장애를 완전히 떠날 수 없다.
원리마사자 무유시처
遠離魔事者 無有是處

## 51.

예배는
예배자
禮拜者는

공경이요 굴복이다
경야 복야
敬也요 伏也니

참된 본성을 공경하고
공경진성
恭敬眞性하고

---

46. 마등가摩登伽 : 인도에서 가장 천한 신분. 그들 가운데 발길제鉢吉帝라는 여인이 요망한 주술로 아난존자를 유인하여 방안에 붙잡아 두었다. 그때 문수보살이 정광신주頂光神呪로 두 사람을 제도하자, 여인은 기원정사로 가서 부처님의 설법을 듣고 아라한阿羅漢이 되었다.

무명을 굴복시키는 것이다

굴 복 무 명
屈伏無明이니라

**주해**

몸과 말과 뜻이 모두 청정하면
부처님의 나타나심이다.

신 구 의 청 정
身口意清淨
즉 불 출 세
則佛出世

52.

염불이란
입으로만 하면 송불이요
마음으로 해야 염불이다
입으로만 부르고 마음으로 생각하지 않으면
도를 닦아도 이익됨이 없느니라

염 불 자
念佛者는
재 구 왈 송
在口曰誦이요
재 심 왈 념
在心曰念이니
도 송 실 념
徒誦失念하면
어 도 무 익
於道無益이니라

**주해**

'나무아미타불' 여섯 글자 법문은
결정코 윤회를 벗어나는 지름길이다.

아 미 타 불 육 자 법 문
阿彌陀佛六字法門
정 출 윤 회 지 첩 경 야
定出輪廻之捷徑也

마음으로 부처님과 그 세계를 생각하여 잊지 않고

심 즉 연 불 경 계　억 지 불 망
心則緣佛境界　憶持不忘

입으로 부처님 명호를 분명히 불러 산란하지 않아야
한다.

구 즉 칭 불 명 호　분 명 불 란
口則稱佛名號　分明不亂

이와 같이 마음과 입이 서로 합치되는 것이 염불이다.

여시심구상응 명왈염불
如是心口相應 名曰念佛

**評**

오조홍인(五祖弘忍) 스님께서 이르셨다.
"자기의 참 마음을 지키는 것이
시방의 부처님을 생각하는 것보다 낫다."

오조운 五祖云
수본진심 守本眞心
승념시방제불 勝念十方諸佛

육조혜능(六祖慧能) 스님께서 이르셨다.
"항상 다른 부처님만 생각하면
생사를 면치 못하지만
자기의 본심을 지키면
곧 피안(彼岸)에 이른다."

육조운 六祖云
상념타불 常念他佛
불면생사 不免生死
수아본심 守我本心
즉도피안 卽到彼岸

또 이르셨다.
"부처는 제 성품 속에서 짓는 것.
몸 밖에서 구하지 말라."

우운 又云
불향성중작 佛向性中作
막향신외구 莫向身外求

또 이르셨다.
"모르는 사람은 염불하여 극락세계에 나기를 원하지만
깨친 사람은 그 마음을 스스로 깨끗이 할 뿐이다."

우운 又云
미인 염불구생 迷人 念佛求生
오인 자정기심 悟人 自淨其心

또 이르셨다. 又云(우운)

"대저 중생이 마음을 깨쳐 스스로를 건지는 것일 뿐
大抵衆生 悟心自度(대저중생 오심자도)

부처님이 중생을 건지는 것은 아니다." 佛不能度衆生云云(불부능도중생운운)

이러한 말씀처럼 여러 어른들은 如上諸德(여상제덕)

근본 마음을 똑바로 가르쳤을 뿐 直指本心(직지본심)

다른 방편을 쓰지 않았으니 別無方便(별무방편)

이치로 말하자면 참으로 이와 같다. 理實如是(이실여시)

그러나 현상으로 보면 然迹門(연적문)

극락세계와 아미타불과 사십팔대원(四十八大願)이 분명히 있으므로
實有極樂世界 阿彌陀佛 發四十八大願(실유극락세계 아미타불 발사십팔대원)

'무릇 열 번 염불을 하는 이는 凡念十聲者(범념십성자)

그 원의 힘을 입어 承此願力(승차원력)

연꽃〔蓮(연)〕 속의 태(胎)에 왕생하고 往生蓮胎(왕생연태)

쉽게 윤회를 벗어난다'는 것을 徑脫輪廻(경탈윤회)

삼세의 모든 부처님께서 三世諸佛(삼세제불)

다 같이 말씀하셨고 異口同音(이구동음)

시방의 보살 모두가 十方菩薩(시방보살)

극락왕생하기를 원하였다.

동원왕생
同願往生

하물며 옛날이나 지금이나 극락세계에 왕생한 사람들의 사적이 분명하게 전하여지고 있으니

우황고금 왕생지인 전기소소
又況古今 往生之人 傳記昭昭

공부하는 이들이여, 그릇되이 알지 말라. 부디부디!

원제행자 신물착인 면지면지
願諸行者 愼勿錯認 勉之勉之

범어의 '아미타(阿彌陀)'는

범어 아미타
梵語 阿彌陀

'한량없는 수명'

차운 무량수
此云 無量壽

'한량없는 광명'이란 뜻이니

역운 무량광
亦云 無量光

시방과 삼세에서

시방삼세
十方三世

첫째가는 부처님의 명호이다.

제일불호야
第一佛號也

이 부처님 전생 이름은 법장비구(法藏比丘)로

인명 법장비구
因名 法藏比丘

세자재왕불(世自在王佛) 앞에서

대세자재왕불
對世自在王佛

48원을 세우고 말씀하셨다.

발사십팔원운
發四十八願云

"제가 성불하였을 때

아작불시
我作佛時

한량없는 시방세계의 천인과 인간들은 물론이요 작은 벌레들까지도

시방무앙수세계 제천인민 이지연비연동지류
十方無央數世界 諸天人民 以至蜎飛蠕動之流

나의 이름을 열 번만 부르면

염아명십성자
念我名十聲者

반드시 나의 국토에 와서 나게 하겠나이다.

필생아찰중
必生我刹中

만약 이 원이 실현되지 못하면 결코 성불하지 않겠나이다."

부득시원 종불성불
不得是願 終不成佛

옛 어른이 이르셨다.

선성운
先聖云

"한 번의 염불 소리에

창불일성
唱佛一聲

악마들은 두려움에 떨고

천마상담
天魔喪膽

이름이 저승 문서에서 지워지며

명제귀부
名除鬼簿

연꽃이 금못에서 피어난다."

연출금지
蓮出金池

『예념미타도량참법』에 이르셨다.

우참법운
又懺法云

"제 힘과 남의 힘이

자력타력
自力他力

하나는 더디고 하나는 빠르다.

일지일속
一遲一速

바다를 건너고자 하는 사람이

욕월해자
欲越海者

나무 심어 배를 만든 다음에 건너고자 하면 더딜 것이니

종수작선 지야
種樹作船 遲也

이는 제 힘에 비유한 것이요

비자력야
比自力也

남의 배를 빌려서 바다를 건넌다면 빠를 것이니

차선월해 속야
借船越海 速也

이는 부처님의 힘에 비유한 것이다."

비불력야
比佛力也

또 이르셨다.

우왈
又曰

"어린아이가 물이나 불로 인해 다급하게 부르짖으면

세간치아 박어수화 고성대규
世間稚兒 迫於水火 高聲大叫

부모가 듣고 급히 달려와서 구원하듯이

즉부모문지 급주구원
則父母聞之 急走救援

사람이 임종할 때 큰 소리로 염불하면

여인 임명종시 고성염불
如人 臨命終時 高聲念佛

신통 갖춘 부처님은 반드시 와서 맞아 가신다.

즉불구신통 결정래영이
則佛具神通 決定來迎爾

그러므로 '부처님의 자비는 부모보다도 더 깊고

시고 대성자비 승어부모야
是故 大聖慈悲 勝於父母也

중생의 나고 죽음은 저 물과 불보다 더 참혹하다'고 한 것이다."

중생생사 심어수화야
衆生生死 甚於水火也

어떤 이는 주장한다.

유인 운
有人 云

"제 마음이 정토인데

자심정토
自心淨土

새삼 정토에 가서 날 것이 무엇이며

정토불가생
淨土不可生

자성이 아미타불인데

자성미타
自性彌陀

아미타를 보려 할 것이 있는가?"

미타불가견
彌陀不可見

이 말은 옳은 듯 옳지 않다.

차언 사시이비야
此言 似是而非也

부처님은 탐욕과 성냄이 없다.

피불 무탐무진
彼佛 無貪無嗔

나도 탐욕과 성냄이 없는가?

아역무탐진호
我亦無貪嗔乎

부처님은 지옥을 연꽃세계로 바꾸기를 손바닥 뒤집듯이 하신다.

피불 변지옥작연화 이어반장
彼佛 變地獄作蓮花 易於反掌

나는 죄업의 힘 때문에 늘 지옥에 떨어질까 두려워하거늘

아즉 이업력 상공자타어지옥
我則 以業力 常恐自墮於地獄

어찌 지옥을 연꽃세계로 바꿀 수 있으랴?

황변작연화호
況變作蓮花乎

부처님은 한량없는 세계를 눈앞에 있는 듯이 보시지만

피불 관무진세계 여재목전
彼佛 觀無盡世界 如在目前

우리는 담 밖의 일조차 모르거늘

아즉 격벽사유부지
我則 隔壁事猶不知

어찌 시방세계를 눈앞에 있는 듯이 볼 수 있으랴?

황견시방세계 여목전호
況見十方世界 如目前乎

그러므로 사람들의 본성은 곧 부처님이지만

시고 인인성즉수불
是故 人人性則雖佛

현실의 행동은 중생이요

이행즉중생
而行則衆生

모양과 작용으로 논하자면

논기상용
論其相用

하늘과 땅만큼의 간격이 있다.

천지현격
天地懸隔

규봉(圭峰)선사[47]가 이르셨다.
"설혹 단박에 깨쳤다 할지라도
결국은 점차로 닦아 가야 한다."
참으로 옳으신 말씀이다.

규봉운
圭峯云
설실돈오
設實頓悟
종수점행
終須漸行
성재 시언야
誠哉 是言也

그러므로 '자성이 아미타불'이라고 주장하는 이여.

연즉기어자성미타자
然則寄語自性彌陀者

어찌 타고난 천생(天生) 석가가 있으며
자연히 생겨난 아미타불이 있겠는가?
모름지기 잘 헤아려 보면
어찌 스스로 알지 못하리오.
숨이 끊어지는 임종을 당하여
마지막 큰 고통이 일어날 때
자유자재할 것 같은가?
만약 그렇지 못할 터이면
한때의 배짱을 부리다가
영영 악도에 떨어지는 일이 없도록 하라.

기유천생석가
豈有天生釋迦
자연미타야
自然彌陀耶
수자촌량
須自忖量
기불자지
豈不自知
임명종시
臨命終時
생사고제
生死苦際
정득자재부
定得自在否
약불여시
若不如是
막이일시공고
莫以一時貢高
각치영겁침타
却致永劫沈墮

47. 규봉圭峰 : 780~841. 법명은 종밀宗密, 속성은 하何씨. 28세에 과거를 보러 가다가 도원道圓선사를 만나 출가하여 참선을 하던 중 재齋에 가서 『원각경』을 읽다가 깨쳤다. 그 뒤 화엄종의 제5조五祖가 되었으며, 선禪과 교敎의 일치를 주장하였다.

마명보살[48]과 용수보살[49]은 대조사들이셨지만

우마명용수 실시조사
又馬鳴龍樹 悉是祖師

분명히 왕생의 길 닦기를 간절히 권하셨거늘

개명수언교 심권왕생
皆明垂言教 深勸往生

나는 어떤 사람이기에 왕생을 바라지 않는가!

아하인재 불욕왕생
我何人哉 不欲往生

또 부처님께서

우불자운
又佛自云

"서방 정토가 여기에서 멀다.

서방 거차원의
西方 去此遠矣

십만(十惡)팔천(八邪) 국토를 지나가야 한다"고 하신 것은

십만 팔천
十萬(十惡)八千(八邪)

둔한 사람들을 위해 겉모습만 말씀하신 것이다.

차위둔근설상야
此爲鈍根說相也

그리고 어떤 때는

우운
又云

"서방정토가 멀지 않다.

서방 거차불원
西方 去此不遠

마음이 곧 부처다(중생이 곧 아미타불)" 하셨으니

즉심시불
卽心是佛

이는 영리한 사람들을 위해 본성을 깨우친 것이다.

차위이근설성야
此爲利根說性也

교문에는 방편과 진실이 있고

교유권실
教有權實

---

48. 마명馬鳴 : 부처님께서 열반한 6백 년 뒤, 중인도에 출현한 대보살

49. 용수龍樹 : 부처님께서 열반한 7백 년 뒤, 남인도에 출현한 대보살

말씀에는 드러남과 비밀이 있지만
어 유 현 밀
語有顯密

아는 것과 행함이 일치하는 이는
약 해 행 상 응 자
若解行相應者

멀거나 가깝거나 두루 통하게 된다.
원 근 구 통 야
遠近俱通也

그러므로 조사의 문하에서도
고 조 사 문 하
故祖師門下

慧 遠
혜원스님과 같이 아미타불을 부른 이가 있었고
역 유 혹 환 아 미 타 불 자
亦有或喚阿彌陀佛者〔慧遠〕

瑞 巖
서암선사와 같이 '주인공'을 부른 이가 있었던 것이다.
혹 환 주 인 공 자
或喚主人公者〔瑞巖〕

## 53.

경을 들으면
청 경
聽經은

귀를 거친 인연도 있게 되고
유 경 이 지 연
有經耳之緣과

따라서 기뻐한 복도 짓게 된다
수 희 지 복
隨喜之福이라

물거품 같은 몸은 다할 날이 있지만
환 구 유 진
幻軀는 有盡이나

참다운 행실은 없어지지 않느니라
실 행 불 망
實行은 不亡이니라

이는 지혜롭게 배우면 금강석을 먹는 것과 같고[50] 칠보를 받아 가지

50. 여식금강如食金剛 : 『화엄경』「여래출현품」에 있는 말. 금강석을 먹으면 소화되지 않고 그대로 몸 밖으로 나온다. 그와 같이 불교에 어떤 인연을 맺게 되면, 필경 번뇌와 고통

는 것보다 더 나음을 밝힌 것이다.

차명 지학 여식금강 승시칠보
此明 智學 如食金剛 勝施七寶

주해

영명연수선사[51]가 이르셨다. 수사운 壽師云

"듣고서 믿지 않더라도 문이불신 聞而不信

부처 될 종자를 심게 되고 상결불종지인 尙結佛種之因

배워서 이루지 못하더라도 학이불성 學而不成

인천(人天)의 복보다 뛰어나다." 유개인천지복 猶盖人天之福

## 54.

**경을 보되 자기의 마음속을 향해 공부를 지어 가지 않으면**

간경 약불향자기상주공부
看經을 若不向自己上做工夫하면

**비록 만 권의 대장경을 다 볼지라도 아무런 이익이 없느니라**

수간진만장 유무익야
雖看盡萬藏이라도 猶無益也니라

이는 어리석게 배우면 봄날에 새가 울고 가을 밤에 벌레가 우는 것과도 같음을 밝힌 것이다.

차명 우학 여춘금주제 추충야명
此明 愚學 如春禽晝啼 秋蟲夜鳴

---

을 뚫고 빛나는 해탈 경계를 이루게 된다.

51. 영명연수永明延壽 : 904~975. 성은 왕王씨. 법안종法眼宗의 제3조요, 정토종淨土宗의 제6조이다.

주해

규봉 종밀선사가 이르셨다. 밀사운 密師云

"경의 글자를 새기는 것으로는 식자간경 識字看經

결코 깨칠 수가 없다. 원불증오 元不證悟

글귀나 익히고 말풀이나 하면 소문석의 銷文釋義

탐욕(貪欲)과 진심(瞋心)과 사견(邪見)만 더 성해질 뿐이다." 유치탐진사견 唯熾貪瞋邪見

55.

공부가 도에 이르기 전에 학미지어도 學未至於道하고

남에게 자랑하고 현요견문 衒耀見聞하야

한갓 말 재주로써 상대를 이기려 함은 도이구설변리 徒以口舌辯利로 상승자 相勝者인댄

변소에 단청을 하는 것과 같으니라 여측옥도단확 如厠屋塗丹雘이니라

특별히 말세의 어리석은 공부에 대해 밝힌 것이다. 별명 말세우학 別明 末世愚學

주해

공부는 본래 제 본성을 닦는 것인데 학본수성 學本修性

남에게 보이기 위해 공부한다면 전습위인 全習爲人

도대체 이것이 무슨 마음일까? 是誠何心哉

## 56.

출가한 사람이 외전을 공부하는 것은 出家人이 習外典하면
마치 보배 칼로 흙을 깎는 것 같아서 如以刀割泥하야
흙도 쓸모없이 되고 泥無所用이요
칼도 상하느니라 而刀自傷焉이니라

**주해**

문밖으로 나온 장자의 아이들 門外長者子
불난 집으로 도로 들어가누나 還入火宅中

## 57.

출가하여 승려가 됨이 어찌 작은 일이랴! 出家爲僧이 豈細事乎아
몸을 편안히 하려는 것도 아니요 非求安逸也며
잘 입고 배불리 먹으려는 것도 아니며 非求溫飽也며
명예와 재물을 구하려는 것도 아니다 非求利名也라

나고 죽음을 면하기 위함이요

위생사야
爲生死也며

번뇌를 끊기 위함이요

위단번뇌야
爲斷煩惱也며

부처님의 혜명(慧命)을 잇기 위함이요

위속불혜명야
爲續佛慧命也며

삼계(三界)를 벗어나 중생을 건지기 위함이니라

위출삼계도중생야
爲出三界度衆生也니라

**주해**

가히 하늘을 찌를 대장부로다.

가위충천대장부
可謂衝天大丈夫

58.

부처님께서 이르셨다

불운
佛云

"덧없는 불이 온 세계를 태워 버린다."

무상지화 소제세간
無常之火가 燒諸世間이라

"중생들의 고생 불이 사방에서 타오른다."

우운 중생고화 사면구분
又云 衆生苦火가 四面俱焚이라

"번뇌의 도둑들이 늘 너희를 죽이려 엿보고 있다" 하시니

우운 제번뇌적 상사살인
又云 諸煩惱賊이 常伺殺人하시니

도 닦는 이는 마땅히 스스로를 깨우쳐서

도인 의자경오
道人은 宜自警悟하야

**머리에 붙는 불을 끄듯이 할지어다** 如救頭燃(여구두연)이어다

**주해**

몸에는 나고 늙고 병들고 죽는 것이 있고 身有生老病死(신유생노병사)

세계에는 생겨나고 머무르고 파괴되고 없어짐이 있고 界有成住壞空(계유성주괴공)

마음에는 일어나고 머물고 변하고 사라짐이 있다. 心有生住異滅(심유생주이멸)

이러한 무상함과 괴로움의 불이 此無常苦火(차무상고화)

사방에서 한꺼번에 타오르고 있다. 四面俱焚者也(사면구분자야)

깊은 이치를 공부하는 이들이여 謹白參玄人(근백참현인)

부디 세월을 헛되이 보내지 말라 光陰莫虛度(광음막허도)

59.

세상의 뜬 이름을 탐하는 것은 貪世浮名(탐세부명)은

부질없이 몸만 괴롭히는 것이요 枉功勞形(왕공노형)이요

이익을 구하고자 허덕이는 것은 營求世利(영구세리)는

업의 불에 섶을 더 보탬이로다 業火加薪(업화가신)이니라

**주해**

'세상의 뜬 이름을 탐한다'는 것에 대한 어떤 이의 시

탐세부명자 유인시운
貪世浮名者 有人詩云

기러기 하늘 멀리 날아갔으나 — 홍비천말 鴻飛天末

발자취는 모래 위에 남아 있고 — 적류사 迹留沙

사람은 황천으로 이미 갔건만 — 인거황천 人去黃泉

그 이름은 아직 집에 남아 있네 — 명재가 名在家

'이익을 구하고자 허덕인다'는 것에 대한 어떤 이의 시

영구세리자 유인시운
營求世利者 有人詩云

온갖 꽃을 옮아가며 애써 모은 꿀 — 채득백화성밀후 採得百花成蜜後

가만 앉아 입 다신 이 그 누구런가 — 부지신고위수첨 不知辛苦爲誰甛

'부질없이 몸만 괴롭힌다'는 것은 — 왕공노형자 枉功勞形者

얼음을 조각하여 훌륭한 예술품을 남기려는 것과 같고 — 착빙조각 불용지교야 鑿氷雕刻 不用之巧也

'업의 불에 섶을 더 보탠다'는 것은 — 업화가신자 業火加薪者

빛깔이나 향기가 거칠고 더러운 불을 일으키는 재료가 될 뿐이라는 말이다.

추폐색향 치화지구야
麤弊色香 致火之具也

60.

**이름과 재물을 따르는 납자[52]는**
**초야에 묻힌 사람만도 못하다**

명리납자
**名利衲子는**
불여초의야인
**不如草衣野人이니라**

**주해**

왕의 자리에 침을 뱉고 설산雪山으로 들어가는 것은

타금륜입설산
**唾金輪入雪山**

천 분의 부처님이 출현하실지라도 바뀌지 않는 법칙인데

천세존 불역지궤칙
**千世尊 不易之軌則**

말세의 양의 바탕〔羊質 양질〕에 범의 껍질〔虎皮 호피〕을 쓴 무리들이

말세양질호피지배
**末世羊質虎皮之輩**

염치도 없이 바람에 쏠리고 세력 따라 아첨하고 잘 보이려 하니

불식염치 망풍수세 음미취총
**不識廉耻 望風隨勢 陰媚取寵**

아, 그 버릇을 언제 고치랴

희 기징야부
**噫 其懲也夫**

세상 명리에 마음이 물든 이는

심염세리자
**心染世利者**

---

52. 납자衲子 : 수행자. 특히 참선하는 이.

| | |
|---|---|
| 권세의 문에서 아부하다가 | 아부권문<br>阿附權門 |
| 풍진에 부대끼어 | 추주풍진<br>趨走風塵 |
| 도리어 속인들의 웃음거리만 된다. | 반취소어속인<br>返取笑於俗人 |
| 이런 납자를 '양질호피(羊質虎皮)'라 하나니 | 차납자이양질<br>此衲子以羊質 |
| 이러한 행동을 많이 하기 때문이다. | 증차다행<br>證此多行 |

61.

| | |
|---|---|
| **부처님께서 이르셨다** | 불운<br>**佛云**하사대 |
| **"어찌하여 도둑이 나의 옷을 입고** | 운하적인 가아의복<br>**云何賊人**이 **假我衣服**하고 |
| **부처를 팔아 나쁜 업을 짓는가?"** | 비판여래 조종종업<br>**裨販如來**하야 **造種種業**고 |

**주해**

| | |
|---|---|
| 말법시대의 비구에게는 | 말법비구<br>末法比丘 |
| 여러 가지 이름이 있다. | 유다반명자<br>有多般名字 |
| 박쥐중(鳥鼠僧)이라고도 하고 | 혹조서승<br>或鳥鼠僧 |
| 벙어리 염소중(啞羊僧)이라고도 하고 | 혹아양승<br>或啞羊僧 |
| 머리 깎은 거사(禿居士)라고도 하고 | 혹독거사<br>或禿居士 |
| 지옥 찌꺼기(地獄滓)라고도 하고 | 혹지옥재<br>或地獄滓 |
| 가사 입은 도둑(被袈裟賊)이라 한다. | 혹피가사적<br>或被袈裟賊 |

아, 그 까닭이 무엇인가?

희 기소이이차
噫 其所以以此

‘부처님을 판다’고 함은

패판여래자
稗販如來者

인과를 믿지 않고

발인과
撥因果

죄도 복도 없다고 하면서

배죄복
排罪福

몸과 입으로 물 끓듯이 업을 짓고

비등신구
沸騰身口

사랑과 미움을 쉴 새 없이 일으킴이니

질기애증
迭起愛憎

참으로 가엾은 일이다.

가위민야
可謂愍也

승려도 속인도 아닌 체하니 ‘박쥐중’

피승피속왈조서
避僧避俗曰鳥鼠

설법을 못하니 ‘벙어리 염소중’

설불설법왈아양
舌不說法曰啞羊

승려의 모양에 속인의 마음을 가졌으니 ‘머리 깎은 거사’

승형속심왈독거사
僧形俗心曰禿居士

죄악이 하도 무거워 옮겨갈 수가 없으니 ‘지옥 찌꺼기’라 하고

죄중불천왈지옥재
罪重不遷曰地獄滓

부처님을 팔아서 살아가니 ‘가사 입은 도둑’이라 하나니

매불영생왈피가사적
賣佛營生曰被袈裟賊

가사 입은 도둑이기 때문에 이러한 여러 가지 이름을 얻게 되는 것이다.

이피가사적 증피다명
以被袈裟賊 證此多名

62.

아! 불자여

오희 불자
於戱라 佛子야

한 벌 옷과 한 그릇 밥이

일의일식
一衣一食이

농부의 피와 길쌈하는 여인의 땀이거늘

막비농부지혈 직녀지고
莫非農夫之血이요 織女之苦어늘

도의 눈이 밝지 않고서야

도안 미명
道眼이 未明하고야

어찌 이를 삭여 낼 수 있겠는가

여하소득
如何消得이리요

**주해**

『전등록』에 이르셨다.

전등
傳燈

"옛날 어떤 도인이 도의 눈이 밝지 못했기 때문에

일도인 도안미명고
一道人 道眼未明故

죽은 뒤 나무 버섯이 되어 시주의 은혜를 갚았느니라."

신위목균 이환신시
身爲木菌 以還信施

63.

그러므로 이르셨다

고 왈
故로 曰

"털을 쓰고 뿔을 이고 있는 것이 무엇을 일러 주고 있는지를 아느냐?

요식피모대각저마
要識披毛戴角底麽아

바로 지금 쓸데없이 신도의 보시를 받고 있는 이의 장래 모습이다"

卽今虛受信施者是니라 (즉금허수신시자시)

배고프지 않은데 또 먹고 有人은 未飢而食하며 (유인 미기이식)

춥지 않은데도 옷을 더 챙기니 未寒而衣하니 (미안이의)

이 무슨 마음일까? 是誠何心哉아 (시성하심재)

도무지 생각지를 않는구나 都不思 (도부사)

눈앞의 쾌락이 目前之樂이 (목전지락)

후생의 고통인 줄을! 便是身後之苦也로다 (변시신후지고야)

**주해**

『대지도론』에 智論 (지론)

"한 도인이 좁쌀 다섯 알 때문에 소가 되어

一道人 五粒粟 受牛身 (일도인 오립속 수우신)

살아서는 힘껏 일을 해주고 죽어서는 가죽과 살로써 갚았다" 하였으니

生償筋骨 死還皮肉 (생상근골 사환피육)

쓸데없이 신도의 보시를 받으면 虛受信施 (허수신시)

이와 같이 갚지 않을 수 없다. 報應如響 (보응여향)

64.

그러므로 이르셨다 故曰

"차라리 뜨거운 쇠를 몸에 두를지언정 寧以熱鐵纏身이언정

신심 있는 이가 주는 옷을 입지 말고 不受信心人衣요

차라리 구리 물을 마실지언정 寧以洋銅灌口언정

신심 있는 이가 주는 음식을 먹지 말며 不受信心人食이요

차라리 끓는 가마 속에 뛰어들지언정 寧以鐵鑊投身이언정

신심 있는 이가 주는 집을 받지 말라" 不受信心人房舍等이라

주해

『범망경』에 이르셨다. 梵網經 云

"파계한 몸으로는 신심 있는 이가 주는 공양이나 물건을 받지 말지니 不以破戒之身 受信心人 種種供養 及種種施物

보살이 이러한 원을 세우지 않으면 경구죄를 얻게 되느니라." 菩薩 若不發是願則得輕垢罪

65.

그러므로 이르셨다 故로 曰

"도를 닦는 이는 道人은

음식 먹기를 독약 먹듯이 하고
進食을 如進毒하고 (진식 여진독)

보시 받기를 화살 받듯이 할지니
受施를 如受箭이니 (수시 여수전)

융숭한 대접과 달콤한 말은
幣厚言甘은 (폐후언감)

도 닦는 이가 두려워할 바이니라."
道人所畏니라 (도인소외)

**주해**

'음식 먹기를 독약 먹듯이 하라'는 것은 도의 눈을 잃을까 두려워함이요
進食如進毒者 畏喪其道眼也 (진식여진독자 외상기도안야)

'보시 받기를 화살 받듯이 하라'는 것은 도의 열매를 잃을까 두려워함이다.
受施如受箭者 畏失其道果也 (수시여수전자 외실기도과야)

## 66.

그리고 이르셨다
故로 曰 (고 왈)

"도 닦는 이는
修道之人은 (수도지인)

한 개의 숫돌과 같다
如一塊磨刀之石이니 (여일괴마도지석)

장서방이 와서 갈고
張三也來磨하며 (장삼야래마)

이생원이 와서 갈면
李四也來磨하야 (이사야래마)

남의 칼은 잘 들게 되겠지만
磨來磨去에 別人刀는 快하나 (마래마거 별인도 쾌)

나의 돌은 점점 닳아 없어지게 된다
而自家石은 漸消라 (이자가석 점소)

그런데 어떤 이는 남들이 와서

연 유인 갱혐타인
然이나 有人은 更嫌他人이

제 돌에 칼을 갈지 않는 것을 걱정하니

불래아석상마
不來我石上磨하니

참으로 딱한 일이로다"

실위가석
實爲可惜이로다

**주해**

이렇게 도를 닦는 이의 평생 소원은

여차도인 평생소향
如此道人 平生所向

배불리 먹고 따뜻하게 입는 것이라네.

지재온포
只在溫飽

## 67.

그러므로 옛말에 또 이르셨다

고 고어 역유지왈
故로 古語에 亦有之曰

"삼악도의 고통은 고통도 아니다

삼도고 미시고
三途苦가 未是苦라

가사를 입었다가 사람의 몸을 잃는 것이 진짜 고통이다"

가사하실인신 시시고야
袈裟下失人身이 始是苦也니라

**주해**

옛 어른이 이르셨다.

고인운
古人云

"금생에 마음을 밝히지 못하면

금생 미명심
今生 未明心

한 방울의 물도 소화시키기 어렵다."

적수 야난소
滴水 也難消

왜냐하면 '가사를 입었다가 사람의 몸을 잃기' 때문이다.

차소이가사하실인신야
此所以袈裟下失人身也

불자여, 불자여! 불자불자 佛子佛子

아프고 분하게 생각하라. 분지격지 憤之激之

68.

우습다. 이 몸이여! 돌재 차신 咄哉라 此身이여

아홉 구멍에서 더러운 것이 늘 흘러나오고 구공상류 九孔常流하고

백 가지 천 가지의 부스럼 덩어리를 백천옹저 百千癰疽에

한 조각 엷은 가죽으로 싸 놓았구나 일편박피 一片薄皮라

또 이 가죽 주머니에 우운 혁낭 又云 革囊에

똥과 피고름이 가득할 새 성분농혈지취 盛糞膿血之聚하야

구리고 더러운데 탐하고 아낄 것이 무엇인가 취예가비 무탐석지 臭穢可鄙라 無貪惜之온

하물며 백년 동안 잘 길러 주어도 하황백년장양 何況百年將養한들

숨 한 번 사이에 은혜를 등지지 않더냐! 일식배은 一息背恩이리오

**주해**

위에서 말한 업들은 상래제업 上來諸業

모두 이 몸 때문에 생긴 것이니 개유차신 皆由此身

소리 질러 꾸짖고 발성질돌 發聲叱咄

깊이 경계해야 할 것이다. 심유경야 深有警也

이 몸은 모든 애욕의 근본이라 차신 제애근본 此身 諸愛根本

이 몸이 허망한 줄 알면 요지허망 了之虛妄

모든 애욕이 저절로 사라지게 된다. 즉제애자제 則諸愛自除

이 몸을 탐착하는 데서 여기탐착 如其耽着

한량없는 허물과 근심이 일어나니 즉기무량과환 則起無量過患

이를 특별히 밝혀 고어차특명지 故於此特明之

도 닦는 눈을 열어주고자 함이다. 이개수도지안야 以開修道之眼也

評

네 원소(四大, 사대)는 주인이 될 수 없으므로 사대무주고 四大無主故

네 원수(四冤, 사원)가 한 군데 모였다 하고 일위가사원 一爲假四冤

네 가지 은혜(四恩, 사은)를 등지므로 사대배은고 四大背恩故

네 마리 뱀(四蛇, 사사)을 함께 기른다고 한다. 일위양사사 一爲養四蛇

나의 허망함을 깨닫지 못하므로 아불료허망고 我不了虛妄故

남에게 성을 내고 교만을 부리며 위타인야 신지만지 爲他人也 嗔之慢之

남의 허망함을 깨닫지 못하므로 타인역불료허망고 他人亦不了虛妄故

나에게 성을 내고 교만을 부리나니 위아야 진지만지 爲我也 嗔之慢之

두 귀신이 한 송장을 두고 싸우듯 함이로다. 약이귀지쟁일시야 若二鬼之爭一屍也

이 한 송장을 가리켜 — 일시지위체야 一屍之爲體也

물거품 뭉치(포취 泡聚)라고도 하고 — 일왈포취 一曰泡聚

꿈 덩어리(몽취 夢聚) — 일왈몽취 一曰夢聚

고생 바가지(고취 苦聚) — 일왈고취 一曰苦聚

거름더미(분취 糞聚)라 하나니 — 일왈분취 一曰糞聚

빨리 부패할 뿐 아니라 — 비도속후 非徒速朽

더럽기가 짝이 없다. — 역심비루 亦甚鄙陋

위의 일곱 구멍에서는 눈물·콧물 등이 늘 흐르고 — 상칠공 상류체타 上七孔 常流涕唾

아래 두 구멍에서는 대소변이 늘 흘러나오고 있지 않는가. — 하이공 상류시뇨 下二孔 常流屎尿

그러므로 밤낮으로 몸을 깨끗이 하고 대중 가운데 참례해야 하나니 — 고 수십이시중 결정신기 이참중수 故 須十二時中 潔淨身器 以叅衆數

깨끗하지 못한 이는 선신(善神)들이 반드시 배척하느니라. — 행추부정자 선신필배거 行麤不淨者 善神必背去

『인과경』에서는 — 인과경 운 因果經 云

"더러운 손으로 경을 만지거나 — 장부정수 집경권 將不淨手 執經卷

부처님 앞에서 가래침을 뱉는 이는 — 재불전 체타자 在佛前 涕唾者

반드시 내생에 뒷간 벌레가 된다" 하였고 — 필당획칙충보 必當獲厠蟲報

『문수경』에서는
“대소변 시에 목석과 같이하여
말하거나 소리를 내지 말고
벽에 그림이나 글씨도 쓰지 말며
함부로 침을 뱉지 말라” 하였으며
“변소에 다녀와서 씻지 않은 이는 좌선하는 자리에
앉지도 말고 법당에 오르지도 말라” 하였다.

문수경 운
文殊經 云
대소변시 상여목석
大小便時 狀如木石
신물어언작성
愼勿語言作聲
우물화벽서자
又勿畫壁書字
우물토담입칙중
又勿吐痰入厠中
우운 등치 불세정자 부득좌선상 부득등보전
又云 登厠 不洗淨者 不得坐禪床 不得登寶殿

69.

죄를 지었으면 곧 참회하고
잘못을 했으면 곧 부끄러워하여야
대장부의 기상이 있음이로다
또 허물을 고쳐 스스로를 새롭게 하면
죄업도 마음을 따라 없어지느니라

유죄즉참회
有罪卽懺悔하고
발업즉참괴
發業卽慚愧하면
유장부기상
有丈夫氣象이요
우개과자신
又改過自新하면
죄수심멸
罪隨心滅이니라

**주해**

참회는
먼저 지은 허물은 뉘우치고

참회자
懺悔者
참기전건
懺其前愆

뒷날 다시 짓지 않기로 맹세함이요 — 悔其後過(회기후과)
부끄러워함〔慚愧(참괴)〕은 — 慚愧者(참괴자)
안으로 자기를 꾸짖고 — 慚責於內(참책어내)
밖으로 자기 잘못을 드러내는 것이다. — 愧發於外(괴발어외)
그러나 마음은 본래 비고 고요하여 — 然 心本空寂(연 심본공적)
죄업이 붙어 있을 곳이 없다. — 罪業無寄(죄업무기)

## 70.

**도를 닦는 이가** — **道人은**(도인)
**마땅히 마음을 단정히 하고** — **宜應端心하야**(의응단심)
**검소함과 진실함을 근본으로 삼으면** — **以質直爲本하야**(이질직위본)
**표주박 하나에 누더기 한 벌로** — **一瓢一衲으로**(일표일납)
**어디를 가든지 걸릴 것이 없느니라** — **旅泊無累니라**(여박무루)

**주해**

부처님께서 이르셨다. — 佛云(불운)
"마음은 곧은 줄과 같아야 한다." — 心如直絃(심여직현)
또 "곧은 마음이 도량이다" 하셨다. — 又云 直心是道場(우운 직심시도량)
만약 몸에 대해 탐착하지 않게 되면 — 若不耽着此身則(약불탐착차신즉)

어디를 가도 묶일 것이 없다. 필여박무루 必旅泊無累

71.

범부들은 바깥 경계만 취하고 범부 취경 凡夫는 取境하고

도 닦는 이는 마음만 붙잡으려 한다 도인 취심 道人은 取心이니

그러나 마음과 경계를 함께 잊어야 심경양망 心境兩忘하야사

이것이 곧 참된 법이니라 내시진법 乃是眞法이니라

주해

'바깥 경계만 취한다'는 것은 취경자 取境者

목마른 사슴이 아지랑이를 물인 줄 알고 쫓아가는 것과 같고 여녹지진공화야 如鹿之趁空花也

'마음만 붙잡으려 한다'는 것은 취심자 取心者

원숭이가 물에 비친 달을 잡으려는 것과 같다. 여원지착수월야 如猿之捉水月也

바깥 경계와 마음이 비록 다르나 경심수수 境心雖殊

병통이기는 매한가지이다. 취병즉일야 取病則一也

이는 범부(凡夫)와 이승(二乘)을 함께 논한 것이다. 차 합론범부이승 此 合論凡夫二乘

**頌**

천지에는 진나라의 해와 달이 없고

천지상공진일월
天地尙空秦日月

산하에는 한나라 군신이 보이지 않네

산하불견한군신
山河不見漢君臣

## 72.

성문은 숲속에 가만히 앉아 있어도

성문 연좌림중
聲聞은 宴坐林中이나

마왕에게 붙잡히고

피마왕착
被魔王捉하고

보살은 세간을 자유롭게 노닐어도

보살 유희세간
菩薩은 遊戱世間이나

외도와 마군이 보지 못하느니라

외마불멱
外魔不覓이니라

**주해**

성문은 고요함을 지키는 것으로 닦음을 삼기 때문에 마음이 늘 움직이고

성문 취정위행고 심동
聲聞 取靜爲行故 心動

마음이 움직이면 귀신이 보게 된다.

심동즉귀견야
心動則鬼見也

보살은 성품이 스스로 비고 고요하다는 것을 알기 때문에 자취가 없고

보살 성자공적고 무적
菩薩 性自空寂故 無迹

자취가 없으면 외도와 마군들이 보지 못한다.

무적즉외마불견
無迹則外魔不見

이는 이승과 보살을 함께 논한 것이다. 　 此 合論二乘菩薩 (차 합론이승보살)

**頌**

춘삼월 꽃길에서 한가로이 노니는데 　 三月懶遊花下路 (삼월나유화하로)

한 집만 빗속에서 문을 닫고 근심하네 　 一家愁閑雨中門 (일가수폐우중문)

## 73.

임종이 가까워지면 관할지니라 　 凡人이 臨命終時에 但觀하라 (범인 임명종시 단관)

나의 오온(五蘊)은 모두 공하고 　 五蘊皆空하야 (오온개공)

사대(四大)로 된 이 몸은 나라고 할 것이 없다 　 四大無我하고 (사대무아)

참 마음은 모양이 없어서 　 眞心無相하야 (진심무상)

가는 것도 아니요 오는 것도 아니니 　 不去不來니 (불거불래)

날 때에도 본성은 난 바가 없고 　 生時에도 性亦不生하며 (생시 성역불생)

죽을 때도 본성은 가지 않는다 　 死時에도 性亦不去로다 (사시 성역불거)

지극히 맑고 원만하고 고요하며 　 湛然圓寂하고 (담연원적)

마음과 대상은 하나요 나눌 수가 없다 　 心境이 一如라 (심경 일여)

오로지 이와 같이 관하여 　 但能如是하면 (단능여시)

단박 깨치고 보면 　 直下頓了하야 (직하돈요)

삼세 인과에 얽매이지 않게 되나니 　 不爲三世所拘繫니 (불위삼세소구계)

세상을 뛰어넘은 자유인이로다
변시출세자유인야
便是出世自由人也라

부처님을 보아도
약견제불
若見諸佛이라도

따라갈 마음이 없고
무심수거
無心隨去하며

지옥을 보아도
약견지옥
若見地獄이라도

두려운 마음이 없어야 한다
무심포외
無心怖畏니

다만 스스로 무심하면
단자무심
但自無心하면

법계와 같아지나니
동어법계
同於法界니

이것이야말로 가장 요긴한 대목이다
차즉시요절야
此卽是要節也라

그러나 평소에 닦는 것이 씨가 되고
연즉평상 시인
然則平常은 是因이요

임종할 때 그 열매를 맺게 되나니
임종 시과
臨終은 是果니

도 닦는 이는 이를 잘 살펴볼지니라
도인 수착안간
道人은 須着眼看하라

**주해**

죽기 싫은 늘그막에야
파사노년
怕死老年

부처님과 친해지네
친석가
親釋迦

**頌**

이런 때에 자기를 밝히며 잘 나아가라
호향차시명자기
好向此時明自己

백년 세월이 순식간에 굴러간다
백년광영전두비
百年光影轉頭非

## 74.

임종을 할 때 털끝만큼이라도

범인 임명종시 약일호모
凡人이 臨命終時에 若一毫毛라도

범부다 성인이다 하는 생각이 남아 있으면

범성정량 부진 사려 미망
凡聖情量이 不盡하고 思慮를 未忘하면

나귀나 말의 뱃속에 끌려 들어가거나

향로태마복리 탁질
向驢胎馬腹裡하야 托質하며

지옥의 끓는 가마 속에 처박히거나

니우확탕중 자잡
泥犂鑊湯中에 煮煠하며

개미 또는 모기 같은 것이 되기도 하느니라

내지의전재위누의문맹
乃至依前再爲螻蟻蚊䖟이니라

**주해**

송나라 백운선사가 이르셨다.

백운 운
白雲 云

"비록 범부다 성인이다 하는 생각이 털끝만큼도 남아 있지 않다 할지라도

설사일호모 범성정념정진
設使一毫毛 凡聖情念淨盡

나귀나 말의 뱃속에 들어가는 것을 면하지 못하리라."

역미면입노태마복중
亦未免入驢胎馬腹中

두 소견이 번뜩이면 육도의 여러 갈래 길로 들어가게 되는 것이다.

이견성비 산입제취
二見星飛 散入諸趣

**頌**

모진 불이 활활 타고

열화망망
烈火茫茫

보배 칼이 번쩍인다

보검당문
寶劍當門

評

이 두 구절(73과 74)은 종사가 무심으로 도에 합하는 문을 특별히 연 것으로

차이절 특개종사 무심합도문
此二節 特開宗師 無心合道門

염불하여 극락왕생하는 문은 방편으로 막아 놓았다.

권차교중 염불구생문
權遮教中 念佛求生門

그런데 사람마다 바탕과 그릇이 같지 않고 뜻과 원이 다르니

연 근기부동 지원각이
然 根器不同 志願亦異

무심문과 염불문이 서로 방해되지 않는다.

각각여시 양불상방
各各如是 兩不相妨

바라건대 도 닦는 이들은

원제도자
願諸道者

평소에 분수대로 각기 노력하여

평상수분 각자노력
平常隨分 各自努力

마지막 찰나에(임종을 할 때) 의심하거나 후회하지 말라.

최후찰나 막생의회
最後刹那 莫生疑悔

75.

참선하는 이가

선학자
禪學者가

本地風光
본지풍광[53]을 밝히지 못하면

본지풍광을 약미발명즉
本地風光을 若未發明則

玄關
높고 아득한 현관을 어떻게 꿰뚫으랴!

고초현관 의종하투
孤峭玄關을 擬從何透리요

단멸공
어떤 이는 아주 끊어 없앤 공〔斷滅空〕으로써 선을 삼기도 하고

왕왕단멸공 이위선
往往斷滅空으로 以爲禪하며

무기공
의식없는 공〔無記空〕으로써 도를 삼기도 하고

무기공 이위도
無記空으로 以爲道하며

일체구무
일체가 다 없다〔一切俱無〕는 것으로써 높은 소견을 삼기도 하지만

일체구무 이위고견
一切俱無로 以爲高見하나

이 모두가 어둡고 알맹이 없는 공의 병이 깊어진 것이니

차 명연완공 수병유의
此는 冥然頑空이니 受病幽矣니

지금 천하에서 선을 말하는 사람 대부분은 이런 병에 걸려 있느니라

금천하지언선자 다좌재차병
今天下之言禪者가 多坐在此病이니라

**주해**

향상일관
향상의 제1관〔向上一關〕에는

향상일관
向上一關

발을 들여 놓을 문이 없다.

조족무문
措足無門

운문선사가 이르셨다.

운문운
雲門云

"빛을 꿰뚫지 못하는 것은

광불투탈
光不透脫

---

53. 본지풍광 : 본바탕의 참모습. 본래면목本來面目·천진면목天眞面目·법성法性·실상實相·열반涅槃·보리菩提라고 하는 것 등이 모두 이와 같은 뜻이다.

두 가지 병[54]이 있기 때문이요 — 유양종병 有兩種病

법신을 꿰뚫는 데에도 — 투과법신 透過法身

또한 두 가지 병[55]이 있나니 — 역유양종병 亦有兩種病

모름지기 낱낱이 꿰뚫어야 한다." — 수일일투득시득 須一一透得始得

頌

우거진 풀밭 길을 걷지 않으면 — 불행방초로 不行芳草路

꽃이 지는 마을에 언제 이를까 — 난치낙화촌 難至落花村

## 76.

종사 또한 병이 많다

종사 역유다병
宗師도 亦有多病하니

병이 귀와 눈에 있는 이는 눈을 부릅뜨고 귀를 기울이고 머리를 끄덕이는 것으로써 선을 삼으며

병재이목자 이당미노목 측이점두 위선
病在耳目者는 以瞠眉努目과 側耳點頭로 爲禪하며

병이 입과 혀에 있는 이는 횡설수설 되지도 않은 말과

54. 목주화상을 찾아갔다가, 닫는 문에 발이 끼어 다리가 부러지는 순간, 도를 깨친 운문종의 개산조 운문선사의 말씀이다. "빛을 꿰뚫지 못하게 되는 두 가지 병은 온갖 것에 밝지 못하여 눈앞에 무엇이 있는 듯한 병과, 온갖 법의 빈 이치를 알았더라도 어렴풋이 무엇이 있는 듯하여 완전히 꿰뚫지 못한 병이다" 하셨다.

55. "법신을 뚫는 데도 두 가지 병이 있다. 법신 경계에까지 갔더라도 법에 대한 집착을 잊어버리지 못하는 것이 한 가지 병이요, 법신을 꿰뚫었다 하더라도 어떤 숨 기운〔氣息〕이 아직 남아 있는 것 또한 병이니라" 하셨다.

함부로 '할'을 하는 것으로써 선을 삼으며

병재구설자 이전언도어 호할난할 위선
病在口舌者는 以顚言倒語와 胡喝亂喝로 爲禪하며

병이 손발에 있는 이는 나아갔다 물러갔다 이쪽저쪽 가리키는 것으로써 선을 삼으며

병재수족자 이진전퇴후 지동화서 위선
病在手足者는 以進前退後와 指東畫西로 爲禪하며

병이 속에 있는 이는 현묘한 이치를 연구하여 인정을 넘어서고 소견을 여의는 것으로써 선법을 삼느니라

병재심복자 이궁현구묘 초정이견 위선
病在心腹者는 以窮玄究妙와 超情離見으로 爲禪하나니

사실대로 말하자면 어느 것이고 병 아닌 것이 없다

거실이론 무비시병
據實而論하면 無非是病이니라

**주해**

부모를 해친 이는
부처님께 참회하면 되지만
반야를 비방한 이는
참회할 길이 없느니라.

살부모자
殺父母者
불전참회
佛前懺悔
방반야자
謗般若者
참회무로
懺悔無路

**頌**

허공의 그림자를 잡아도 묘하지 않은데
세상 밖을 노니는 것 뭐가 그리 장할까

공중촬영비위묘
空中撮影非爲妙
물외추종기준기
物外追蹤豈俊機

77.

본분종사가 법을 드러내어 보이심은 本分宗師(본분종사)의 全提此句(전제차구)는

나무 사람이 노래를 하는 것과 같고 如木人唱拍(여목인창박)이요

화롯불에 눈이 떨어지는 것과 같고 紅爐點雪(홍로점설)이요

번갯불이 번쩍이는 것과 같아서 亦如石火電光(역여석화전광)이니

전혀 더듬거나 헤아릴 수 없느니라 學者實不可擬議也(학자실불가의의야)니라

그러므로 옛 어른이 스승의 은혜[56]를 알고 말하였다

故(고)로 古人(고인)이 知師恩曰(지사은왈)

"스님의 도덕을 중하게 여김이 아니라 不重先師道德(부중선사도덕)이요

오직 스님께서 저에게 해설하여 주지 않은 것에 감격하고 있습니다."

只重先師不爲我說破(지중선사불위아설파)라

주해

말 말아라 말 말아라 不道不道(부도부도)

남의 붓끝에 오를라 恐上紙墨(공상지묵)

頌

화살이 강물에 뜬 달을 꿰뚫으니 箭穿江月影(전천강월영)

그가 바로 독수리 잡는 이로구나 須是射鵰人(수시석조인)

56. 스승의 은혜(師恩) : 동산洞山화상이 그 법사되는 운암雲巖선사를 위하여 재齋를 올리면서 한 말이다. 운암선사께서 임종할 때 일러주신 법문을, 훨씬 뒤에 물을 건너다가 비로소 크게 깨쳤으므로 이렇게 말한 것이다.

## 78.

공부하는 이는 먼저 종파의 갈래부터 자세히 가려서 알아야 한다
大抵學者(대저학자)는 先須詳辨宗途(선수상변종도)니

옛날 마조스님[57]이 한 번 '할'을 하자
昔(석)에 馬祖一喝也(마조일할야)에

백장스님[58]은 귀가 먹고
百丈(백장)은 耳聾(이롱)하고

황벽스님[59]은 혀가 빠졌다
黃檗(황벽)은 吐舌(토설)하니

이 한 번의 '할'이
這一喝(저일할)은

부처님께서 꽃을 드신 소식이요
便是拈花消息(변시염화소식)이며

달마대사의 처음 오신 면목이니
亦是達摩初來底面目(역시달마초래저면목)이라

아, 이것이 임제종의 근원이니라
吁(우)라 此臨濟宗之淵源(차임제종지연원)이니라

**주해**

법을 아는 이가 무섭다.
識法者懼(식법자구)

소리 내면 곧바로 후려쳐라.
和聲便打(화성변타)

**頌**

마디라고는 없는 한 자루 주장자를
杖子一枝無節目(장자일지무절목)

은근히 내어 주네 밤길 가는 손님께
慇懃分付夜行人(은근분부야행인)

---

57. 마조馬祖 : 709~788. 법명은 도일道一, 속성은 마馬씨. 남악南嶽에 가서 회양懷讓선사의 법을 이었다. 그의 법을 받은 제자는 139인이다.
58. 백장百丈 : 720~814. 어려서 출가하여 대장경을 열람하였고, 뒤에 마조선사의 법을 이었다. 그는 선원의 모든 규칙과 경제적인 기초를 세운 『백장청규百丈清規』를 정립하였다.
59. 황벽黃蘗 : ?~850. 법명은 희운希運. 백장선사의 법을 이었으며, 임제종의 개조인 임제선사의 스승이다.

評

마조스님의 한 번 '할'에

석마조일할야
昔馬祖一喝也

大機
백장스님은 대기를 얻었고

백장 득대기
百丈 得大機

大用
황벽스님은 대용을 얻었다.

황벽 득대용
黃蘗 得大用

대기는 둥글게 두루 응하는 것이요

대기자 원응위의
大機者 圓應爲義

대용은 곧바로 끊는 것이니

대용자 직절위의
大用者 直截爲義

이에 대한 것들은『전등록』에 실려 있다.

사현전등록
事見傳燈錄

79.

임제의 할과 덕산의 방망이가

임제할 덕산방
臨濟喝 德山棒이

無生
무생의 이치를 철저히 꿰뚫어서

개철증무생 투정투저
皆徹證無生하야 透頂透底라

대기와 대용이 자재하여 걸림 없고

대기대용 자재무방
大機大用이 自在無方하여

온몸으로 출몰하여 온몸을 짊어진 뒤

전신출몰 전신담하
全身出沒하며 全身擔荷하야

大人境界
물러서서 문수와 보현의 대인경계를 지키지만

퇴수문수보현대인경계
退守文殊普賢大人境界니

실상대로 말하자면 임제와 덕산 이 두 분도

연 거실이론 차이사
然이나 據實而論컨댄 此二師도

마음 훔친 도깨비를 면치 못하느니라 역불면투심귀자 亦不免偸心鬼子니라

주해

시퍼런 취모리검 늠름취모 凜凜吹毛
그 칼날에 다치지 말라. 불범봉망 不犯鋒鋩

頌

번쩍번쩍 물에 뛰는 서릿발 구슬인가 삭삭한광주미수 爍爍寒光珠媚水
구름 걷힌 하늘에 흘러가는 저 달인가 요요운산월행천 寥寥雲散月行天

80.

대장부는 부처님과 조사를 원수처럼 보아야 하나니
대장부 견불견조 여원가 大丈夫는 見佛見祖를 如寃家하나니

부처님께 매달려 구하면 약착불구 若着佛求하면
부처에 얽매이고 피불박 被佛縛이요
조사에게 매달려 구하면 약착조구 若着祖求하면
조사에 매이게 된다 피조박 被祖縛이라
구함이 있으면 다 괴로움이니 유구개고 有求皆苦니
일이 없는 것만 같지 못하니라 불여무사 不如無事니라

주해

'부처와 조사를 원수처럼 보라'는 것은 — 불조여원자 佛祖如寃者
첫머리의 '바람 없는데 물결을 일으킨 것이다〔무풍기랑 無風起浪〕(2, p.11)[60]'라고 한 말의 맺음이요 — 결상무풍기랑야 結上無風起浪也
'구함이 있으면 다 괴로움이다'는 것은 — 유구개고자 有求皆苦者
'다 그대로 옳은 것이다〔당체변시 當體便是〕(4, p.15)'라고 한 말을 맺음이며 — 결상당체변시야 結上當體便是也
'일이 없는 것만 같지 못하다'는 것은 — 불여무사자 不如無事者
'생각이 동하면 곧 어긋난다〔동념즉괴 動念卽乖〕(4, p.15)'고 한 말을 맺은 것이다. — 결상동념즉괴야 結上動念卽乖也

이렇게 되면 앉아서 온 천하 사람의 혀끝을 끊게 되며 — 도차 좌단천하인설두 到此 坐斷天下人舌頭
나고 죽는 빠른 바퀴가 저절로 멈추게 된다. — 생사신륜 서기정식야 生死迅輪 庶幾停息也
위태로움을 다스리고 어려움을 멈추게 하고자 — 부위정란 扶危定亂
단하(丹霞)선사는 목불(木佛)을 태우고 — 여단하소목불 如丹霞燒木佛

60. 괄호 안의 앞 번호는 원문의 번호이고, 뒤는 현재 책의 페이지임.

운문선사는 '개밥 준다'[61] 하고
운문끽구자
雲門喫狗子

노파는 부처님을 아니 보려 한 것[62]이니
노모불견불
老母不見佛

모두가 삿된 것을 꺾고 바른 것을 드러내기 위한 수단이다.
개시최사현정저수단
皆是摧邪顯正底手段

그러나 필경에는 어떠한가?
연 필경여하
然 畢竟如何

頌

강남의 삼월은 언제나 그립도다
상억강남삼월리
常憶江南三月裏

자고새 노래하고 꽃향기 짙으니
자고제처백화향
鷓鴣啼處百花香

81.

거룩한 빛이 밝아
신광불매
神光不昧하야

만고에 환하도다
만고휘유
萬古徽猷로다

이 문 안에 들어오면
입차문래
入此門來면

알음알이 두지 말라!
막존지해
莫存知解어다

---

61. 운문의 개밥〔雲門喫狗子〕 : 부처님의, "하늘 위 하늘 아래에 오직 내가 가장 높다〔天上天下唯我獨尊〕"고 하신 말씀에 대해 운문선사는, "내가 그 당시에 있었더라면 한 몽치로 때려잡아 주린 개에게 주어서 뜯어 먹게 하여 천하를 태평케 하였으리!"라고 하셨다.

62. 노파가 부처님을 아니 보려 하다〔老婆不見佛〕 : 사위성의 모든 사람들이 부처님을 뵙겠다며 물밀듯이 나오는데, 한 노파는 부처님을 보지 않겠다며 문을 닫고 눈을 감고 두 손으로 눈을 가렸다. 그러나 열 손가락 끝마다 부처님이 뚜렷이 나타났었다고 한다.

주해

‘거룩한 빛이 밝다’ 함은 처음의 ‘밝고 신령하다〔昭昭靈靈〕(1, p.9)’ 한 것을 맺음이고

신광불매자 결상소소영령야
神光不昧者 結上昭昭靈靈也

‘만고에 환하다’ 함은 ‘난 것도 아니요 죽음도 없다〔不曾生 不曾滅〕(1, p.9)’한 것을 맺음이며

만고휘유자 결상본불생멸야
萬古徽猷者 結上本不生滅也

‘알음알이 두지 말라’ 함은 ‘이름에 얽매여 알음알이 내지 말라〔不可守名生解〕(4, p.15)’한 것을 맺음이다.

막존지해자 결상불가수명생해야
莫存知解者 結上不可守名生解也

‘문’이란 범부와 성인이 드나든다는 뜻이 있으니

문자 유범성불입의
門者 有凡聖出入義

하택 신회선사의 ‘안다〔知〕’는 한마디가 온갖 묘한 이치의 문이니라.

여하택 소위지지일자 중묘지문야
如荷澤 所謂知之一字 衆妙之門也

아! ‘이름 지을 수도 모양 그릴 길도 없다〔名不得 狀不得〕(1, p.9)’는 데서 시작하여

우 기어명상부득
吁 起於名狀不得

‘알음알이 두지 말라〔莫存知解〕’는 것으로 끝을 맺으니

결어막존지해
結於莫存知解

한데 얽힌 넝쿨들을 한마디 말로써 끊어 버렸다.

일편갈등 일구도파야
一篇葛藤 一句都破也

그리하여 한 알음알이〔一解〕로써 시작과 맺음을 삼고

연 시종일해
然 始終一解

그 중간에 온갖 행실들을 나타내었다.

중거만행
中擧萬行

'알음알이〔知解〕'가 불법의 큰 해독이기 때문에 특별히 이를 들어 마치나니

지해이자 불법지대해고 특거이종지
知解二字 佛法之大害故 特擧而終之

하택 신회선사가 조계의 맏아들이 되지 못한 것은 바로 이 알음알이 때문이다.

하택신회선사 부득위조계적자자 이차야
荷澤神會禪師 不得爲曹溪嫡子者 以此也

이에 송(頌)하노라.

인이송왈
因而頌曰

이처럼 들어 보여 종지를 밝힌 것에
눈푸른 달마스님 어찌 아니 웃었으리
그렇다면 필경은 어떠한가? 쯧쯧!
휘영청 달이 밝아 강산이 고요한데
터지는 내 웃음에 천지가 깨어나네

여사거창명종지
如斯擧唱明宗旨
소살서래벽안승
笑殺西來碧眼僧
연필경여하 돌
然畢竟如何 咄
고륜독조강산정
孤輪獨照江山靜
자소일성천지경
自笑一聲天地驚

pp.119~129까지의 「선문오종」·「오종가풍」·「별명임제종지」는 본문 '78'의 평 다음에 있던 글입니다. 그러나 그 내용이 전문 선학자가 아니라면 독송용으로 적합하지 않다고 판단되어, 별도의 부록으로 엮었습니다. 그리고 이 책 속의 용어와 인물에 대해 자세히 알고 싶으신 분은 용담스님 역주 『선가구감』(효림출판사 발행)을 참고하시기 바랍니다.

## 부 록

# 선문오종 禪門五宗

조사들의 종파에 다섯이 있으니 임제종·조동종·운문종·위앙종·법안종이 그것이다.

대범조사종도 유오
大凡祖師宗途가 有五하니

왈임제종 왈조동종 왈운문종 왈위앙종 왈법안종
曰臨濟宗 曰曹洞宗 曰雲門宗 曰潙仰宗 曰法眼宗이라

### 임제종 臨濟宗

本師
본사 석가모니 부처님의 33세인 육조 혜능대사로부터 곧게 내려가서 전한 법을 이은

본사석가불 지삼십삼세육조혜능대사하직전
本師釋迦佛 至三十三世六祖慧能大師下直傳

南嶽懷讓 馬祖道一 百丈懷海 黃檗希運 臨濟義
남악회양·마조도일·백장회해·황벽희운·임제의
玄 興化存奬 南院道顒 風穴延沼 首山省念 汾
현·흥화존장·남원도옹·풍혈연소·수산성념·분
陽善昭 慈明楚圓 楊岐方會 白雲守端 五祖法演
양선소·자명초원·양기방회·백운수단·오조법연·
圓悟克勤 徑山宗杲
원오극근·경산종고 등의 선사들이 이룬 종파.

### 조동종 曹洞宗

六祖
육조로부터 곁갈래로 전해 내려간

육조하방전
六祖下傍傳

青原行思 石頭希遷 藥山惟儼 雲巖曇晟 洞山良
청원행사 · 석두희천 · 약산유엄 · 운암담성 · 동산양
价 曹山耽章 雲居道膺
개 · 조산탐장 · 운거도응 등의 선사들이 이룬 종파.

**운문종雲門宗**

馬祖
마조로부터 곁갈래로 전해 내려간 마조방전 **馬祖傍傳**
天皇道悟 龍潭崇信 德山宣鑑 雪峰義存 雲門文
천황도오 · 용담숭신 · 덕산선감 · 설봉의존 · 운문문
偃 雪竇重顯 天衣義懷
언 · 설두중현 · 천의의회 등의 선사들이 이룬 종파.

**위앙종潙仰宗**

百丈
백장으로부터 곁갈래로 전해 내려간 백장방전 **百丈傍傳**
潙山靈佑 仰山慧寂 香嚴智閑 南塔光湧 芭蕉慧
위산영우 · 앙산혜적 · 향엄지한 · 남탑광용 · 파초혜
清 霍山景通 無着文喜
청 · 곽산경통 · 무착문희 등의 선사들이 이룬 종파.

**법안종法眼宗**

雪峰
설봉으로부터 곁갈래로 전해 내려간 설봉방전 **雪峯傍傳**
玄沙師備 地藏桂琛 法眼文益 天台德韶 永明延壽
현사사비 · 지장계침 · 법안문익 · 천태덕소 · 영명연수 ·
龍濟紹修 南臺守安
용제소수 · 남대수안 등의 선사들이 이룬 종파.

## 오종가풍禪門家風

### 임제가풍臨濟家風

알몸으로 칼 휘둘러 부처님도 죽이고 조사도 죽이노라.

적수단도 살불살조
赤手單刀 殺佛殺祖

三玄 三要
예와 이제 할 것 없이 삼현과 삼요로써 판단하고

변고금어현요
辨古今於玄要

빈주구
용과 뱀을 주인과 손님의 위치〔賓主句〕로써 알아낸다.

험용사어주빈
驗龍蛇於主賓

금강왕의 보배 칼로
조금강보검
操金剛寶劒

도깨비를 쓸어 내고
소제죽목정령
掃除竹木精靈

사자의 위엄 떨쳐
분사자전위
奮獅子全威

뭇 짐승의 넋을 찢네.
진열호리심담
震裂狐狸心膽

임제종을 알려 하는가?
요식임제종마
要識臨濟宗麽

푸른 하늘에 벼락치고
청천굉벽력
青天轟霹靂

평지에서 물결 인다.
평지기파도
平地起波濤

### 조동가풍曹洞家風

五位
방편으로 오위를 열어 놓아 세 가지 근기들을 잘 다

룬다. 권개오위 선섭삼근 權開五位 善接三根

보배 칼을 뽑아 들어 횡추보검 橫抽寶劒

삿된 소견 많은 숲을 말끔히 베어 내고 참제견주림 斬諸見稠林

널리 통하는 길을 묘하게 맞추어서 묘협홍통 妙協弘通

만 갈래 모든 생각 끊어내누나. 절만기천착 截萬機穿鑿

위음왕불(威音王佛) 나시기 전 위음나반 威音那畔

까마득한 빛이요 만목연광 滿目烟光

하늘과 땅 생기기 전 공겁이전 空劫已前

신선세계 경치로다. 일호풍월 一壺風月

조동종을 알려 하는가? 요식조동종마 要識曹洞宗麽

부처님도 안 나시고 아무것도 없던 그때 불조미생공겁외 佛祖未生空劫外

바름과 치우침, 있고 없음에 떨어지지 않느니라. 정편불낙유무기 正偏不落有無機

운문가풍雲門家風

칼날에는 길이 있고 검봉유로 劒鋒有路

철벽에는 문이 없다. 철벽무문 鐵壁無門

천하의 말썽거리 모두 둘러엎고 흔번노포갈등 掀翻露布葛藤

온갖 못된 소견들을 잘라내노라. 전각상정견해 剪却常情見解

빠른 번개 같아 생각할 수 없거늘 — 신전불급사량 迅電不及思量

타는 불꽃 속에 머물러 볼 터이냐. — 열염녕용주박 烈焰寧容湊泊

운문종을 알려 하는가? — 요식운문종마 要識雲門宗麼

주장자가 하늘 높이 올라가고 — 주장자발조상천 柱杖子勃跳上天

잔 속에서 부처님들 설법을 하네. — 잔자리제불설법 盞子裏諸佛說法

### 위앙가풍潙仰家風

스승과 제자가 서로 화답하고 — 사자창화 師資唱和

아버지와 아들이 한 집에 살고 있네. — 부자일가 父子一家

옆구리에 글자가 쓰여 있고 — 협하서자 脇下書字

머리 위로 뿔이 뾰족 솟았구나. — 두각쟁영 頭角崢嶸

방안에서 사람들을 시험하니 — 실중험인 室中驗人

사자 허리 부러진다. — 사자요절 獅子腰折

사구(四句)를 여의고 백 가지 아닌 것을 끊어 — 이사구절백비 離四句絶百非

한 망치로 부수었네. — 일추분쇄 一搥粉碎

두 낱 입이 있지만 한 낱 혀가 없는데 — 유양구무일설 有兩口無一舌

아홉 번 굽은 구슬 환하게도 꿰뚫었다. — 구곡주통 九曲珠通

위앙종을 알려 하는가? — 요식위앙종마 要識潙仰宗麼

꺾인 비석 옛길 위에 누웠는데 — 단비 횡고로 斷碑 橫古路

무쇠 소는 작은 집에서 잠을 자네. 철우 면소실 鐵牛 眠少室

**법안가풍**法眼家風

말끝마다 메아리가 울려오고 언중유향 言中有響
날랜 칼날 숨었구나. 구리장봉 句裏藏鋒
해골들이 온 세계를 지배하고 촉루상간세계 髑髏常干世界
콧구멍은 그 가풍을 불어 내네. 비공마촉가풍 鼻孔磨觸家風
바람 부는 숲과 달 비치는 물가에 풍가월저 風柯月渚
참 마음이 드러나고 현로진심 顯露眞心
푸른 대와 누른 국화 취죽황화 翠竹黃花
묘한 법을 보여주네. 선명묘법 宣明妙法
법안종을 알려 하는가? 요식법안종마 要識法眼宗麽
바람은 구름 밀어 산마루로 오르고 풍송단운귀영거 風送斷雲歸嶺去
달은 물에 떠서 다리 지나 흘러오네. 월화류수과교래 月和流水過橋來

## 임제종지臨濟宗旨

| | |
|---|---|
| 일구(一句) 가운데 삼현(三玄)이 갖추어져 있고 | 大凡一句中에 具三玄하고 (대범일구중 구삼현) |
| 일현(一玄) 가운데 삼요(三要)가 갖추어져 있는데 | 一玄中에 具三要하니 (일현중 구삼요) |
| 일구는 문채(文綵) 없는 도장이요 | 一句는 無文綵印이요 (일구 무문채인) |
| 삼현과 삼요는 무늬 있는 도장이다 | 三玄三要는 有文綵印이라 (삼현삼요 유문채인) |
| 방편과 실상은 현(玄)이요 | 權實은 玄이요 (권실 현) |
| 비침과 씀은 요(要)가 된다 | 照用은 要라 (조용 요) |

**삼구**三句(선의 종지를 나타낸 세 구절)

| | |
|---|---|
| 제일구 : 몸도 잃고 목숨도 잃는다. | 第一句 喪身失命 (제일구 상신실명) |
| 제이구 : 입을 열기 전에 그르친다. | 第二句 未開口錯 (제이구 미개구착) |
| 제삼구 : 똥삼태기와 빗자루다. | 第三句 糞箕掃箒 (제삼구 분기소추) |

**삼요**三要(세 가지 요긴한 것)

| | |
|---|---|
| 일요는 비침이 큰 기틀이요 | 一要 照卽大機 (일요 조즉대기) |
| 이요는 비침이 큰 작용이요 | 二要 照卽大用 (이요 조즉대용) |
| 삼요는 비침과 작용이 동시이다. | 三要 照用同時 (삼요 조용동시) |

**삼현**三玄(세 가지 깊은 이치)

체 가운데 현은 — 체중현 體中玄

삼세가 한 생각이라는 말 등이고 — 삼세일념등 三世一念等

구 가운데 현은 — 구중현 句中玄

곧바로 일러주는 말 등이며 — 경절언구등 徑截言句等

현 가운데 현은 — 현중현 玄中玄

양구(良久)(잠깐의 침묵)와 방망이와 할 등이다. — 양구방할등 良久棒喝等

**사료간**四料揀(학인을 이끄는 네 가지 방법)

사람을 빼앗고 경계를 빼앗지 않는 것은 하근기들을 다루는 법이요 — 탈인불탈경 대하근 奪人不奪境 待下根

경계를 빼앗고 사람을 빼앗지 않는 것은 중근기들을 다루는 법이요 — 탈경불탈인 대중근 奪境不奪人 待中根

사람과 경계를 함께 빼앗는 것은 상근기를 다루는 법이요 — 인경양구탈 대상근 人境兩俱奪 待上根

사람과 경계를 함께 빼앗지 않는 것은 격 밖에 사람을 다루는 법이다. — 인경구불탈 대출격인 人境俱不奪 待出格人

**사빈주**四賓主(네 가지 손님과 주인)

손님 중의 손님은 배우는 이가 콧구멍이 없는 것이니

물음과 대답이 있고 빈중빈 학인무비공 유문유답 賓中賓 學人無鼻孔 有問有答

손님 가운데 주인은 배우는 이가 콧구멍이 있는 것이니 주인과 법이 있고 빈중주 학인유비공 유주유법 賓中主 學人有鼻孔 有主有法

주인 가운데 손님은 스승의 콧구멍이 없는 것이니 묻는 것만 있고 주중빈 사가무비공 유문재 主中賓 師家無鼻孔 有問在

주인 중의 주인은 스승의 콧구멍이 있는 것이니 기특할 뿐 해롭지 않다. 주중주 사가유비공 불방기특 主中主 師家有鼻孔 不妨奇特

**사조용**四照用(네 가지 비침과 씀)

먼저 비치고 뒤에 씀은 사람이 있음이요 선조후용 유인재 先照後用 有人在

먼저 쓰고 뒤에 비침은 법이 있음이며 선용후조 유법재 先用後照 有法在

동시에 비추고 씀은 밭을 가는 농부의 소와 주린 이의 밥을 빼앗음이요 조용동시 구경탈식 照用同時 驅耕奪食

비침과 씀이 동시(同時)가 아닌 것은 물음이 있고 답이 있음이다. 조용불동시 유문유답 照用不同時 有問有答

**사대식**四大式(교화하는 네 가지 방식)

정리(正利) : 소림굴에서 돌아앉아 있는 따위요

정리 소림면벽류 正利 少林面壁類

平常　　　　　無殷
평상 : 화산 무은선사의 '북 칠 줄 안다'는 따위이며

평상　화산타고류
平常 禾山打鼓類

本分
본분 : '산승은 모르노라' 한 따위요

산승불회류
山僧不會類

貢假
공가(거짓을 꾸밈) : 달마대사가 '알지 못하노라' 한 것 등이다.

공가　달마불식류
貢假 達摩不識類

**사할四喝(할의 네 가지 종류)**

금강왕 보검과 같은 할이니

금강왕보검
金剛王寶劍

온갖 생각과 알음알이를 끊어 버리고

일도휘단　일체정해
一刀揮斷 一切情解

땅에 버티고 앉은 사자의 할이니

거지사자
踞地獅子

말을 하거나 입김만 내쏘아도 모든 마군의 머리가 터지며

발언토기　중마뇌열
發言吐氣 衆魔腦裂

탐지하는 막대와 풀 그림자 같은 할이니

탐간영초
探竿影草

상대의 콧구멍이 있는가 없는가를 탐지한다.

탐기유무사승비공
探其有無師承鼻孔

또 한 가지 할은 할로만 쓰이지 않고

일할부작일할용
一喝不作一喝用

앞에서 말한 삼현과 사빈주 등을 다 갖추고 있는 할이다.

구상삼현사빈주등
具上三玄四賓主等

**팔방**八棒(여덟 가지 방망이)

영을 내려 이치로 돌아가게 하는 방 — 촉령반현 觸令返玄

닥치는 대로 쓸어버려 바르게 하는 방 — 접소종정 接掃從正

이치도 내버리고 바른 것도 쳐 버리는 방 — 고현상정 靠玄傷正

몹시 책망스런 것을 벌주는 방 — 고책 벌방 苦責 罰棒

종지에 맞을 때 상으로 주는 방 — 순종지 상방 順宗旨 賞棒

비고 차는 것을 잘 가릴 줄 아는 방 — 유허실 변방 有虛實 辨棒

함부로 쓰는 눈먼 방 — 맹가 할방 盲架 瞎棒

범부와 성인을 함께 쓸어버리는 바른 방 — 소제범성 정방 掃除凡聖 正棒

이와 같은 법들은 임제종의 가풍일 뿐 아니라

차등법 비특임제가풍
此等法 非特臨濟家風

위로 부처님에서부터 아래의 중생에 이르기까지 다 제대로 갖추어져 있는 당연한 일이다.

상자제불 하지중생 개분상사
上自諸佛 下至衆生 皆分上事

만약 이것을 여의고 설법을 하면 모두가 거짓말이다.

약이차설법 개시망어
若離此說法 皆是妄語

# 내가 확인하는 독송 횟수

※ 한 번 독경할 때마다 한 칸씩 확인하세요(날짜를 써도 좋음).

| 1 | | | | | | | | | 10 | | |
|---|---|---|---|---|---|---|---|---|---|---|---|
| | | | | | | | 20 | | | | |
| | | | | | 30 | | | | | | |
| | | | 40 | | | | | | | | |
| | 50 | | | | | | | | | | 60 |
| | | | | | | | | | 70 | | |
| | | | | | | | 80 | | | | |
| | | | | | 90 | | | | | | |
| | | | 100 | | | | | | | | |
| | 110 | | | | | | | | | | 120 |
| | | | | | | | | | 130 | | |
| | | | | | | | 140 | | | | |
| | | | | | 150 | | | | | | |
| | | | 160 | | | | | | | | |
| | 170 | | | | | | | | | | 180 |

# 저자 서산대사 휴정 약력

완산최씨完山崔氏. 이름은 여신汝信, 아명은 운학雲鶴이다. 법명은 휴정休靜이며, 호는 청허淸虛. 별호인 서산대사西山大師 또는 백화도인白華道人·풍악산인楓岳山人 등으로 널리 불렸다.

1520년(중종 15) 3월 평안도 안주에서 아버지 세창世昌과 어머니 김씨金氏로부터 귀중한 생활을 받았다. 3세 되던 해 사월 초파일에, 아버지가 등불 아래에서 졸고 있는데 한 노인이 나타나 "꼬마스님을 뵈러 왔다."고 하면서 두 손으로 여신을 번쩍 안아 들고 몇 마디 주문을 외우며 머리를 쓰다듬은 다음, 아이의 이름을 '운학'이라 할 것을 지시하였다.

어려서 아이들과 놀 때에도 남다른 바가 있어 돌을 세워 부처라 하고, 모래를 쌓아 올려놓고 탑이라 하며 놀았다. 9세에 어머니가 죽고 이듬해 아버지가 죽게 되자 안주목사 이사증李思曾을 따라 서울로 옮겨 성균관에서 3년 동안 글과 무예를 익혔다. 과거를 보았으나 뜻대로 되지 않아 친구들과 같이 지리산의 화엄동·칠불동 등을 구경하면서 여러 사찰에 기거하던 중, 영관대사靈觀大師의 설법을 듣고 불법佛法을 연구하기 시작하였다.

그곳에서 『전등傳燈』·『염송拈頌』·『화엄경』·『원각경』·『능엄경』·『유마경』·『반야경』·『법화경』 등의 깊은 교리를 탐구하던 중, 깨달은 바 있어 스스로 시를 짓고 삭발한 다음 숭인장로崇仁長老를 스승으로 모시고 출가하였으며, 1540년(중종 35) 구족계具足戒를 받았다.

그 뒤 영관대사로부터 인가를 받고 운수雲水행각을 하며 공부에만 전념하다가, 1549년(명종 4) 승과僧科에 급제하였으며, 대선大選을 거쳐 선교양종판사禪敎兩宗判事가 되었으나, 1556년 '판사직이 승려의 본분이 아니다'하고는, 자리에서 물러나 금강산·두류산·오대산·묘향산 등지를 행각하며 스스로 보임保任(깨달음을 더욱 갈고 닦음)하였고, 후학을 만나면 친절히 지도하였다.

1589년(선조 22) 정여립鄭汝立이 『정감록』에 의해 왕위에 오른다는 유언비어를 퍼뜨리며 역모逆謀를 꾀한 사건이 일어났는데, 이 역모에 가담한 요승 무업無業이 대사가 자신과 함께 역모에 가담하였다고 주장하여 투옥되었다. 그러나 무죄임이 밝혀졌고, 선조는 석방하면서 손수 그린 묵죽墨竹 한 폭을 하사하였다. 1592년 임진왜란이 일어나자 선조는 평양을 거쳐 의주로 피난하면서 묘향산으로 사신을 보내 휴정을 불렀다. 노구를 무릅쓰고 달려온 휴정에게 선조는 나라를 구할 방법을 묻자 다음과 같이 답하였다.

"늙고 병들어 싸움에 나아가지 못할 승려는 절을 지키게 하면서 나라를 구할 수 있도록 부처에게 기원하도록 하고, 나머지는 신이 통솔하여 전쟁터로 나아가 나라를 구하겠나이다."

그리고 곧 전국에 격문을 돌려서 각처의 승려들이 구국에 앞장서도록 하였다. 이에 제자 처영處英은 궐기하여 권율權慄의 휘하에서, 유정은 금강산에서 1,000여 명의 승군을 모아 평양으로 왔으며, 대사는 문도 1,500명을 통솔하여, 명나라 군사와 함께 평양을 탈환하였다. 선조는 그에게 팔도선교도총섭八道禪教都摠攝이라는 직함을 내렸으나 나이가 많음을 이유로 군직을 제자인 사명당 유정에게 물려주고, 묘향산으로 돌아가 나라의 평안을 기원하였다.

선조가 서울로 환도할 때 700여 명의 승군을 거느리고 개성으로 나아가 맞이하였으며, 선조가 무사히 서울로 귀환하자 승군장의 직을 그만두고 묘향산으로 돌아와 열반涅槃을 준비하였다.

이때 선조는 '국일도대선사 선교도총섭 부종수교 보제등계존자國一都大禪師 禪教都摠攝 扶宗樹教 普濟登階尊者'라는 최고의 존칭과 함께 정2품 당상관 직위를 하사하여 그의 덕을 치하하였다.

그 뒤에도 여러 곳을 순력하다가 1604년 1월 묘향산 원적암圓寂庵에서 설법을 마치고 자신의 영정影幀을 꺼내어 그 뒷면에 "80년 전에는 네가 나이더니 80년 후에는 내가 너로구나(八十年前渠是我 八十年後我是渠)."라는 시를 적어 유정과 처영에게 전하게 하고 가부좌하여 앉은 채로 입적하였다.

나이 85세, 법랍 67세였으며, 입적한 뒤 21일 동안 방 안에 기이한 향기가 가득하였다고 한다.

묘향산 안심사安心寺, 금강산 유점사楡岾寺에 부도浮屠를 세웠고, 해남 표충사表忠祠, 밀양 표충사, 묘향산 수충사酬忠祠에 제향하였다.

# 발 문

『선가귀감』은 조선 시대 최고의 고승인 서산대사西山大師 휴정休靜(1520~1604) 스님께서 선을 닦는 이들에게 귀감이 되는 옛글들을 모은 다음, 다시 주해와 송과 평 등을 붙여서 만든 책입니다. 그러므로 참선을 하고 큰 도를 이루고자 하는 이에게는 소중한 지침서가 되었을 뿐 아니라, 스스로를 깨우치기 위해 항상 옆에 두고 읽는 필독서가 되었습니다. 또한 육바라밀 및 염불·경전 공부 등의 수행 생활을 이끌어주는 기준이 되었습니다. 이 『선가귀감』은 중국과 일본에도 널리 알려졌으며, 일본 임제종에서는 근본 교재로 채택하고 주석서까지 발간하였습니다.

고등학교 때 처음 이 책을 접한 저는 늘 곁에 두고 읽으면서, 인연 있는 단체와 사람들에게 자주 강의를 하였습니다. 그때마다 '참 좋은 책', '수지독송할수록 맛이 더하는 책'이 되었고, 서산대사에 대한 감사함도 늘 가득하였습니다.

그리하여 제가 관여하는 효림출판사에서, 석주스님의 권유로 2002년에 용담스님 역주 『선가구감』을 발간하였고, 2007년에 포켓용 『선가귀감』을 발간하였지만, 늘 무언가가 미진하다는 생각을 떨쳐버릴 수 없었습니다. 그러다가 2019년에 들어 거듭 독송하고 번역하고 윤문을 하여, 이제서야 어느 정도 흡족함을 느끼게 되었기에 새롭게 편집하여 세상에 내어놓게 되었습니다.

특히 이번 책은 함께 읽으면서 공부하기 좋게 큰글씨로 엮었고, 원문을 번역 바로 옆에 붙여 이해의 깊이를 더할 수 있게 하였습니다.

감히 저는 자부합니다. 이 『선가귀감』이 우리 불자들의 중심점, 특히 한국 불자들의 나아갈 길을 분명히 잡아주리라는 것을! 그리고 앞서간 스승들이 했던 것처럼, 이 책을 자주자주 읽어 1백독·2백독·3백독을 채우게 되면, 스스로가 어느덧 높은 경지에 와 있음을 느낄 수 있게 될 것입니다.

부디 그날까지 혼자 또는 주변 불자들과 부지런히 읽고 함께 공부하여, 큰 성취 이루시기를 두 손 모아 축원 드립니다.

2021년 새해 아침

경주 남산 기슭에서 김현준 합장

## 한글 큰활자본 기도 독송용 경전 (책 크기 4×6배판)

**법회경** (양 장 본) / 김현준 역 4x6배판 520쪽 25,000원
**법화경** (무선제본) / 김현준 역 전3책 4x6배판 550쪽 22,000원

불교 최고 경전인 법화경을 독송하면 소원성취는 물론 깨달음과 경제적인 풍요까지 안겨줍니다.

법화경을 독송하고 사경하면 부처님과 대우주법계의 한량없는 가피가 저절로 찾아들어 업장소멸은 물론이요 갖가지 소원을 두루 성취할 수 있습니다. 특히 밝은 지혜를 얻고 크게 향상하게 되며 경제적인 풍요와 사업의 번창 · 입시등 각종 시험의 합격 및 승진이 쉬워지고 가족 모두가 평온하고 복된 삶을 누리며, 병환 · 재난 · 가난 등 현실의 괴로움이 소멸되고 부모 친척 등의 영가가 잘 천도되며 구하는 바가 뜻과 같이 이루어집니다.

**지장경** / 김현준 편역 4×6배판 208쪽 8,000원

지장기도를 하는 분들을 위해 ① 지장경을 처음부터 끝까지 1번 독송 ② '나무지장보살'을 천번염송 ③ 지장보살예찬문을 외우며 158배, ④ '지장보살'천번 염송의 4부로 나누어 특별히 만들었습니다.
지장경 독경 및 지장보살예참과 염불을 할 때, 각 장 앞에 제시된 기도법에 따라 기도를 하게 되면, 지장보살의 가피 속에서 틀림없이 영가천도 · 업장소멸 · 소원성취 · 향상된 삶을 이룩할 수 있게 됩니다.
이 두 책의 내용은 같으며, 활자 및 책크기만 다릅니다.

**자비도량참법** / 김현준 역 양장본 528쪽 22,000원
참되이 참회하시기를 원하십니까? 자비도량 참법 기도를 하십시오. 나의 허물과 죄업의 참회에서 시작하여 부모 스승 친척 등 육도 속을 윤회하는 온 법계 중생의 업장과 무명까지 모두 소멸시켜줍니다. 이 참법을 행하다 보면 저절로 참회의 마음이 깊어지고 자비가 충만하여지고 환희심이 넘쳐나게 됩니다.

**금강경** / 우룡스님 역 112쪽 4,500원
책 크기만큼 글씨도 크게 하고 한자 원문도 수록하였으며, 독송에 관한 법문도 첨부하였습니다. 사찰 및 가정에서의 독송용으로 매우 좋습니다.

**관음경** / 우룡스님 역 96쪽 4,000원
커다란 글씨의 관음경 해설과 함께 관음경의 원문과 독송법, 관음 염불 방법 등을 수록하여 관음경의 가르침을 쉽게 이해하도록 하였습니다.

**약사경** / 김현준 편역 100쪽 4,000원
아주 큰 활자로 약사경 한글 번역본을 만들었습니다. 약사경 독경 방법 및 약사염불법도 함께 실어 기도에 도움이 되도록 하였습니다.

**보현행원품** / 김현준 편역 112쪽 4,500원
보현행원품과 예불대참회문을 함께 실어 독경 후 행원품에 근거한 전통적인 108배를 행할 수 있도록 만들었으며, 대참회의 의미도 상세히 설명하였습니다.

**원각경** / 김현준 편역 192쪽 8,000원
중생이 부처가 되려면 어떻게 해야하는지를 설한 경전. 한국불교 근본 경전 중 하나로, 수십 차례 번역 · 수정 · 윤문하여 쉽게 이해할 수 있도록 하였습니다. 한글과 원문을 대조하면서 읽을 수 있게 하였습니다.

**승만경** / 김현준 편역 144쪽 6,000원
여인의 성불 수기와 함께 승만부인의 서원, 정법을 나의 것으로 만드는 법, 번뇌 · 법신 · 일승 · 사성제 · 자성청정심에 대해 쉽고도 분명하게 밝혀 불자의 삶과 수행을 바른길로 이끌어주고 있습니다.

**밀린다왕문경** / 김현준 편역 신국판 204쪽 7,000원
그리스 왕인 밀린다와 불교 승려인 나가세나가 인생과 불교에 대해 대론한 것을 정리한 경전. 어렵고 난해한 불교교리들을 쉽고도 명쾌하게 밝혀주고 있어 현대인들에게 그 가치를 크게 인정받고 있습니다.

**육조단경**(덕이본德異本) 증보개정판 / 김현준 208쪽 8,000원
육조 혜능대사께서 설한 선종의 근본 경전으로 인간의 참된 본성을 보게 하여 마음을 치유하고 깊은 깨달음을 열어주는 불자의 필독서. 계속 정독하면 영성이 깨어나고 대자유인이 될 수 있습니다.

법보시를 원하시는 분은 출판사로 연락 주십시오. 할인혜택을 드립니다.
전화 02-587-6612, 582-6612 팩스 02-586-9078

# 영험 크고 성취 빠른 각종 사경집 (책 크기 4×6배판)

**※ 정성껏 사경하면 큰 가피가 저절로 찾아들고, 업장참회는 물론이요 쉽게 소원을 성취할 수 있습니다. 각 책마다 사경의 방법을 자세하게 설명해 놓았습니다.**

**광명진언 사경 가로 · 세로쓰기**
(1책으로 1080번 사경) 128쪽 5,000원
모든 불보살님의 총주總呪인 광명진언을 사경하면 그 가피력은 이루 다 말할 수 없을 정도입니다. 하루 108번씩 100일 동안 사경을 행하면 우리에게 크나큰 성취를 안겨주고 심중의 소원이 잘 이루어집니다.

**금강경 한글사경** (1책 3번 사경) 144쪽 5,5
**금강경 한문사경** (1책 3번 사경) 144쪽 5,5
**금강경 한문한글사경** (1책 1번 사경) 100쪽 4,0
요긴하고 으뜸된 경전인 금강경을 사경해 보십
업장소멸과 함께 크나큰 깨달음과 좋은 일들이
로 다가옵니다.

**반야심경 한글사경** (1책 50번 사경) 116쪽 4,500원
**반야심경 한문사경** (1책 50번 사경) 116쪽 4,500원
반야심경을 사경하면 호법신장이 '나'를 지켜주고 공의 도리를 깨달아 평화롭고 안정된 삶이 함께합니다.

**법화경 한글사경** (전5책) 권당 4,500원 총 22,5
법화경을 사경하면 부처님과 대우주법계의 한량
가피가 저절로 찾아들어 소원성취 · 영가천도는 물
요 깨달음과 경제적인 풍요까지 안겨줍니다.

**아미타경 한글사경** (1책 7번 사경) 116쪽 4,500원
살아 생전에 아미타경을 사경하거나, 부모님을 비롯한 가까운 분이 돌아가셨을 때 이 경을 쓰면 극락왕생이 참으로 가까워집니다.

**약사경 한글사경** (1책 3번 사경) 112쪽 4,0
약사경을 사경하면 약사여래의 가피가 저절로 찾
어, 병환의 쾌차, 집안 평안, 업장소멸을 비롯한
지 소원을 쉽게 성취할 수 있습니다.

**관음경 한글사경** (1책 5번 사경) 112쪽 4,500원
관음경을 사경하면 가피가 한량이 없고 늘 행복이 함께 합니다. 학업성취 · 건강쾌유 · 자녀의 성공 · 경제 문제 등에도 영험이 매우 큽니다.

**천수경 한글사경** (1책 7번 사경) 112쪽 4,5
천수경을 사경하고 독송하면 천수관음의 가피가
절로 찾아들어, 업장 및 고난의 소멸과 갖가지 소
쉽게 성취할 수 있습니다.

**신묘장구대다라니 사경** (1책 50번 사경) 4,500원
대다라니를 사경하면 관세음보살님과 호법신장들이 '나'와 주위를 지켜주고 소원성취와 동시에, 행복하고 자비심 가득한 마음을 가질 수 있도록 해줍니다.

**지장경 한글사경** (1책 1번 사경) 144쪽 5,5
지장경을 사경하고 영가천도는 물론이요, 각종
가 저절로 사라지고 심중의 소원이 성취됩니다.
또는 49일 동안의 사경기도를 감히 권해 봅니다.

**보현행원품 한글사경** (1책 3번 사경) 120쪽 4,500원
행원품을 사경하면 자리이타의 삶과 업장 참회, 신통 · 지혜 · 복덕 · 자비 등을 빨리 이룰 수 있고 세세생생 불법과 함께 하며 보살도를 성취할 수 있습니다.

**화엄경약찬게 사경** (1책 12번 사경) 112쪽 4,5
화엄경약찬게를 쓰면 화엄경 한 편을 읽는 것과
공덕이 생긴다고 하였습니다. 약찬게를 써 보십시
수많은 가피가 함께 찾아듭니다.

**관세음보살 명호사경** (1책으로 5천백번 사경) 108쪽 4,5
**지장보살 명호사경** (1책으로 5천번 사경) 108쪽 4,5
'관세음보살'이나 '지장보살'의 명호를 쓰면서 입으로 외우고 마음에 새기면, 관세음보살님과 지장보살님의 가피를 어 몸과 마음이 큰 변화를 이루고, 마음속의 원을 능히 성취할 수 있습니다.

## 아름다운 우리말 경전 (책 크기 휴대용 국반판)

| | | | | |
|---|---|---|---|---|
| 1 금강경 | 금강경을 우리말로 보급하겠다'는 원력에 의해 제작된 책. | 우룡스님 역 | 100쪽 | 2,000원 |
| 2 부모은중경 | 부모님의 은혜를 느끼며 기도를 할 수 있게 엮은 책. | 김현준 역 | 100쪽 | 2,000원 |
| 3 관음경 | 관음경의 번역과 함께 관음기도와 염불법에 대해 자세히 설한 책. | 우룡스님 역 | 100쪽 | 2,000원 |
| 4 초발심자경문 | 신심을 굳건히 하고 수행에 대한 마음을 불러일으키게끔 하는 책. | 일타스님 역 | 100쪽 | 2,000원 |
| 5 지장경 | 편안한 번역으로 쉽게 이해할 수 있도록 하였으며, 기도법도 자세히 수록한 책. | 김현준 역 | 196쪽 | 3,500원 |
| 6 약사경 | 한글 번역과 함께 약사기도법과 약사염불법에 대해 자세히 설한 있는 책. | 김현준 편역 | 100쪽 | 2,000원 |
| 7 보현행원품 | 보현보살의 십대원을 설하여 참된 보살의 길로 이끌어주는 책. | 김현준 편역 | 100쪽 | 2,000원 |
| 8 유교경 | 부처님께서 제자들의 수행을 위해 열반하시기 직전에 설하신 간곡한 법문. | 일타스님·김현준 편역 | 100쪽 | 2,000원 |
| 법요집 | 법회와 수행 시에 필요한 각종 의식문, 좋은 몇 편의 글들을 수록한 책. | 불교신행연구원 편 | 100쪽 | 2,000원 |